团队权力配置效率问题研究

罗仕文　著

九州出版社
JIUZHOUPRESS

图书在版编目（CIP）数据

团队权力配置效率问题研究 / 罗仕文著. -- 北京 : 九州出版社, 2025.5. -- ISBN 978-7-5225-3957-7

Ⅰ. F272.9

中国国家版本馆 CIP 数据核字第 20251W8P19 号

团队权力配置效率问题研究

作　　者　罗仕文　著
责任编辑　习　欣
出版发行　九州出版社
地　　址　北京市西城区阜外大街甲 35 号 (100037)
发行电话　(010)68992190/3/5/6
网　　址　www.jiuzhoupress.com
印　　刷　定州启航印刷有限公司
开　　本　710 毫米 ×1000 毫米　　16 开
印　　张　15
字　　数　210 千字
版　　次　2025 年 5 月第 1 版
印　　次　2025 年 5 月第 1 次印刷
书　　号　ISBN 978-7-5225-3957-7
定　　价　98.00 元

前 言

本书基于当前团队管理与组织行为学的前沿研究，深入探讨了团队权力的影响机制，并系统地揭示了权力配置的效率。随着全球化进程的推进，团队结构和工作模式日益多样化，如何合理配置和管理团队内部的权力资源，已成为企业和组织面临的核心挑战之一。传统的管理方式往往忽视权力在团队合作中的复杂作用，而本书则结合权力功能主义与权力冲突理论，全面系统地分析了权力配置在团队中的积极与消极影响，为团队管理和创新提供了理论支持与实践指导。

首先，基于权力功能主义的视角，本书探讨了团队权力配置结构的正向效应。一方面，从团队认知协调的角度出发，本书详细分析了共享心智模型在团队权力分布差异（即团队权力配置的表现形式）对团队绩效正向作用中的中介作用。特别是，权力分布差异通过影响共享心智模型的构建和发展提升团队成员之间的认知协调和合作，最终推动团队整体绩效的提升。此外，交互记忆系统在权力分布差异与共享心智模型，以及共享心智模型与团队绩效之间的关系中发挥了重要的正向调节作用，进一步加强了权力分布差异对团队绩效的积极影响。另一方面，本书还分析了员工角色清晰度在权力分布差异对员工创新绩效正向影响中的作用机制。研究发现，权力分布差异通过提高员工角色清晰度，能够有效促进员工创新绩效的提升。同时，数字化赋能作为调节因素，增强了权力分布差异对员工角色清晰度的影响，进而间接促进了员工创新绩效的提高，同时，作为驱动因素，直接促进了员工角色清晰度的提升，并最终提升了员工创新绩效。

其次，基于权力冲突理论的视角，本书深入分析了团队权力配置结构的负向效应。研究表明，权力分布差异可能通过加剧团队冲突（包括任务冲突与关系冲突），从而对团队绩效产生负面影响。在这一过程中，权力一致性起到了至关重要的调节作用。研究表明，权力一致性有助于缓解权力分布差异对团队绩效的负向影响，确保团队成员在面对不平等权力配置时仍能保持较高的认同感和合作意愿，从而有效减少冲突的激烈程度。这为管理者提供了有力的策略，帮助其在面对团队内部冲突时，运用权力一致性来调节和优化团队绩效。此外，本书还探讨了权力争夺作为团队冲突（尤其是任务冲突和关系冲突）的核心驱动因素。权力分布差异往往容易引发团队成员之间的权力斗争，进而激化冲突。值得注意的是，适度的权力距离在一定程度上能够抑制权力分布差异对团队冲突的负向作用。

此外，本书提出了团队创新绩效的双路径模型，探讨了权力分布差异如何通过团队冲突与团队协调两个路径影响团队创新。模型表明，权力分布差异对团队创新绩效的影响呈现出复杂的相互作用，最终可能导致负向效应。然而，权力合法性在此过程中起到了关键作用，通过增强权力的正当性，可以有效地减轻负向影响，促进创新和协作。

本书不仅丰富了团队权力研究理论，也为实际管理者提供了丰富的理论框架和操作性建议，帮助其在快速变化的工作环境中实现高效的团队管理与创新，对于学术界、企业管理者以及人力资源从业者而言，相信本书也具有一定的参考价值。

目　录

第一章　团队权力研究的背景、意义及创新

第一节　团队权力研究的背景

在现代企业和组织的管理实践中，团队的高效运作是推动创新、提升生产力和实现战略目标的核心动力。团队作为集体智慧和个体能力的汇聚体，其能否成功运作，直接依赖于成员之间的有效合作、资源的合理配置以及决策机制的优化。在这些因素中，团队权力配置作为团队内部资源分配与协调的重要方面，无疑是一个至关重要的维度。权力不仅影响成员之间的行为模式、互动方式和决策机制，其配置方式更是直接关系到团队的协作效率、冲突管理、创新能力及整体绩效。因此，研究

团队权力配置效率及其影响机制，不仅对理论的深化具有重要意义，对企业管理实践的优化也具有极其重大的现实价值。

团队权力配置效率是指在团队内部如何通过合理的权力分配使得各成员能够最大化地发挥其专长与潜能，进而推动团队目标的实现和整体效能的提升。在这一过程中，权力配置不仅仅是对个体职权的简单分配，更关乎如何平衡成员之间的影响力、责任感与相互合作的关系。有效的权力配置意味着各成员能够在适当的权力框架下发挥作用，而不至于因权力过于集中或过于分散而影响团队的整体运行。权力配置的有效性不仅体现在权力的分布是否均衡，还涉及到团队成员对权力结构的认知与接受程度。特别是在复杂多变的团队环境中，如何通过权力配置来增强团队凝聚力、减少冲突并激发创新潜力，是企业管理者面临的重要课题。团队权力配置的合理性直接影响团队的合作氛围、成员的参与感、决策的执行力以及团队在复杂任务中的适应性和灵活性。因此，提升团队的权力配置效率，不仅能促进团队成员的个人成长和职业发展，还能显著提高团队的整体绩效和竞争力。

团队绩效是衡量团队工作成效的重要指标，它直接反映了团队在完成任务、实现目标和应对挑战等方面的能力。团队绩效的高低与团队内权力配置的合理性紧密相关。在组织管理的实践中，如何通过合理的权力配置来提高团队绩效，是一个具有广泛意义的研究问题。适度的权力分配能够有效促进团队成员的合作，增强团队的凝聚力，减少冲突，提高工作效率。特别是在多元化的团队环境中，合理的权力配置能够协调不同成员的利益，避免权力过于集中的局面，同时避免因权力分散导致的决策迟缓和效率低下。权力配置过度集中的团队，成员往往感到缺乏自主性和创新空间，容易产生依赖心态，降低积极性和创造力。相反，过度分散的权力则可能导致团队缺乏有效的领导力和决策力，造成资源和任务分配的不均衡，进一步影响团队的整体运作。因此，提升团队权力配置效率要求在权力分配上寻找到一个平衡点，使得权力配置既能激发团队成员的创新动力，又能保持团队的高效协作和稳定运行。通过合理的权力配置，不仅能够减少因角色模糊、责任不清导致的冲突，还能够有效应对团队在任务执行过程中遇到的种种挑战，从而为团队绩效的提升提供有力保障。

创新是团队持续发展和企业竞争力提升的核心动力，而团队创新能力的培养与权力配置息息相关。在创新型团队中，成员的创新潜力往往与他们在团队中的角色、责任以及权力的分配密切相关。权力过于集中时，创新可能受到单一决策视角的限制，成员的创新思维难以得到充分释放；而权力过于分散时，团队缺乏有效的协调机制和统一的方向，导致创新资源的无序配置和创新方向的不明确。在合理的权力配置下，团队能够实现领导力与成员自主性的有效平衡，使得创新能够在一个既有组织保障又充满自由度的环境中得以孕育和发展。适当的权力分配能够保证领导层在决策中的权威性，同时赋予团队成员足够的自由度和参与感，从而激发其创新热情和创造力。此外，有效的权力配置还能够减少由权力冲突引发的负面影响，如任务冲突和关系冲突，使得团队能够集中精力应对外部挑战，提升团队在复杂环境中的创新能力和适应能力。

随着现代组织管理的日益复杂，团队结构和工作方式的多样化使得权力配置问题变得愈加复杂。在许多团队中，尤其是跨职能团队、创新团队和全球化团队，权力配置面临着诸多挑战。首先，团队成员来自不同背景和部门，拥有不同的知识结构和技能，这种多样性虽然能够促进创新，但也增加了权力配置的复杂性。如何在保证团队成员的独立性和创新性的同时，确保权力配置的公平性和高效性，成为当今组织管理中亟待解决的问题。其次，现代企业越来越重视去中心化的管理模式，提倡成员自治与自我管理，这使得团队中的权力分配趋向分散。在这种情境下，虽然团队成员的自主性和创造力可以得到提升，但也可能导致团队缺乏统一的方向和协调机制，从而影响整体协作的效果。因此，如何在去中心化的同时保持团队的统一性与协作性，是提升权力配置效率的重要课题。此外，随着数字化技术的普及和远程工作方式的兴起，团队的工作环境发生了剧变。虚拟团队的崛起和数字化工具的使用改变了传统的团队互动和沟通模式，团队成员之间的互动更加依赖数字工具，这也对团队权力配置提出了新的要求。在这种新型工作模式下，传统的层级式权力结构逐渐被更加灵活和网络化的结构所取代，虽然这一变化为团队管理提供了新的机遇，但也给权力配置带来了前所未有的挑战。

正是基于上述背景，研究团队权力配置显得尤为重要。当前，尽管权力在团队管理中的作用得到了广泛关注，但关于权力如何配置、不同配置方式对团队绩效和创新的具体影响机制仍缺乏系统的理论探讨和实证分析。已有的研究往往集中于单一的权力影响路径，缺乏对权力配置的整体性分析，尤其是对权力配置中正面和负面影响的双重机制探索不足。通过深入研究团队权力配置，我们可以更好地理解权力在团队中的多维作用，从而为企业提供更为科学的管理策略。具体来说，研究可以帮助我们明确权力配置对团队绩效、创新及冲突管理的具体影响机制，揭示不同权力配置模式下团队协作与创新的潜力，进而为企业在复杂多变的环境中优化团队结构、提升团队效率提供理论依据。

第二节　团队权力研究的目的与意义

一、团队权力研究的目的

本书旨在系统性地分析团队权力配置的影响机制，揭示权力配置效率对团队绩效、创新能力以及团队冲突等方面的深刻影响。具体而言，本书从权力功能主义和权力冲突理论两个视角出发，探讨了团队权力配置的双重作用机制，即权力配置的积极效应和消极效应。本研究的核心目的包括：

（一）揭示团队权力的积极影响机制

在团队运作中，权力配置不仅仅是管理结构的体现，更是团队成员间认知、互动和协作的基础。团队成员之间的权力分布差异会影响团队协作的模式和创新的程度。权力分布不均有时能激发更多的团队互动和信息流动，尤其是在团队内部存在认知差异的情况下。具体来说，权力的合理分配能够促进信息的共享和知识的扩散，从而提高团队的整体协作能力与效率。首先，从团队成员的认知差异角度来看，权力分布差异可以激发成员之间的合作，特别是在团队需要整合不同专业知识和技能的情况下。不同成员对任务的看法、解决问题的方式以及对工作目标的理解存在差异，适当的权力配置能够帮助管理层调节这些差异，通过明确的角色分配和责任界定，促进各方的互动与合作。权力差异的存在往往能够使核心成员和关键岗位的负责人更好地发挥引导和决策作用，推动团队目标的进展，同时提升团队对外界变化的反应能力。其次，权力配置的有效管理还能进一步提升团队的创新能力。在多元化的团队中，成员可能来自不同的背景和行业，拥有不同的知识结构和思维方式。权力配置不仅关乎管理层的决策权，也关乎创新资源的合理分配。合理的权力分配能够确保关键的创新任务和资源被有效调动，激励团队成员提出新思路、新方案。尤其是在面对复杂问题时，适当的权力配置能够确保资源得到最大化利用，促进团队协作产生创新性突破成果。通过协调机制，团队成员能够在一个既有控制又相对灵活的环境中协同推进创新项目，确保创新成果的生成与实施。

最后，本书还将探讨数字化赋能如何在团队权力配置中发挥重要作用。随着技术的不断发展，特别是在数字化时代，团队成员之间的合作和创新越来越依赖于信息技术的支持。数字化平台能够实现更高效的信息流通和决策支持，帮助团队更好地协调工作，提升整体效能。因此，此次研究将进一步分析数字化如何作为一种调节机制增强团队的协作和创新能力，进而提升团队的绩效。

（二）分析团队权力的消极影响机制

权力的分布不仅具有积极效应，也可能带来一系列消极影响，特别是在团队权力配置不均的情况下。权力差异可能导致任务冲突和关系冲突的出现，进而对团队的整体绩效造成不利影响。基于权力冲突理论，本书将深入探讨这种不均衡的权力分布如何在不同团队结构中引发冲突，特别是如何影响团队成员间的信任、沟通和合作。首先，权力分布不均可能导致任务性冲突的加剧。任务性冲突是指团队成员在如何完成任务、选择什么目标和如何分配资源等问题上的分歧。当某些成员掌握更多的决策权或资源时，可能会导致其他成员对任务分配的不满，从而引发冲突。这种冲突如果得不到有效解决，可能会影响团队的工作氛围和工作效率，甚至使得团队成员的注意力更多集中在如何争取权力而非如何实现团队目标上。其次，关系冲突往往随着权力差异的加大而愈发严重。关系冲突涉及团队成员之间的互动和沟通问题，当权力不均时，较低权力的成员可能会感到不公，产生敌对情绪，从而影响团队的凝聚力。尤其在高压的工作环境中，权力的高度集中可能会导致团队成员之间的信任缺失，进而加剧成员间的对立情绪。在这种情况下，团队成员可能更倾向于通过权力斗争而非合作来解决问题，从而削弱团队的协同作战能力。

此外，本书将探讨如何通过优化团队管理策略缓解权力差异带来的消极效应。研究将着重分析管理者如何利用权力一致性调节避免权力差异引发过度的冲突。在权力分布较为不均的团队中，通过管理者的适当干预和指导，能够帮助团队成员形成共识，减少冲突的发生。有效的冲突管理策略可以将冲突转化为建设性的讨论，从而提升团队的整体效能。

（三）探索团队权力对团队创新的双路径模型

权力分布对团队创新的影响是一个复杂的过程，不仅依赖于权力本身的分配，还受到团队成员之间互动机制的深刻影响。本书将结合权力功能主义与权力冲突理论，分析权力分布差异如何通过团队冲突和团队协调两个路径影响团队创新。权力配置既可能促进创新，也可能抑制创新，这取决于权力差异所引发的冲突和协调机制的管理。首先，权力分布差异通过冲突路径影响创新。在高度集中的权力结构下，权力的争夺往往导致团队内部的任务冲突和关系冲突，这种冲突可能消耗团队的创新资源和能量。冲突在一定程度上会导致团队成员的注意力分散，减少了他们的创新动力和团队协作的效率，从而影响整体创新能力。而当团队成员间的权力差异适度时，冲突可能成为一种促进创新的动力，通过不同观点的碰撞激发新的思维和创意。其次，权力分布差异通过协调路径影响创新。在权力较为均衡的团队中，成员更可能在平等和合作的氛围中共同推动创新。适当的权力分配有助于提升团队的凝聚力，减少内部冲突，同时加强资源的共享和信息的流动。这种协调机制能够最大化地促进创新资源的配置，增强团队的整体创新能力。本书还将深入探讨权力合法性在这两条路径中的作用。权力的合法性能够增强权力配置的正向效应，减少冲突对创新的抑制作用。在具有合法权威的权力结构下，团队成员更容易接受权力分配，从而促进合作和创新。因此，本书的研究还将关注如何通过增强权力的合法性减轻冲突的负面影响来提升团队创新的整体效益。

通过这些深入分析，本书旨在为团队管理提供一个系统的理论框架，帮助组织在复杂的团队环境中更加科学地配置权力，提升团队的整体效能，减少冲突，促进创新，最终实现高效的团队运作和目标达成。这一框架不仅可以为学术研究提供新的视角，也将为实际的团队管理提供实践指导。

二、研究意义

本书的研究具有重要的理论意义和实践价值，具体体现在以下几个方面：

（一）填补学术空白

尽管已有关于团队权力的研究，但大多数研究普遍较单一地探讨了权力的某一方面影响，如权力的集中与分散对团队绩效的影响、权力与团队冲突的关系等。本书则从权力功能主义和权力冲突理论两个不同角度出发，系统性地分析了权力在团队中的多维作用，尤其是权力分布差异如何同时通过共享心智模型、员工角色清晰度、任务冲突、关系冲突等路径影响团队绩效和创新，填补了团队权力配置领域中对其双重作用机制的理论空白。

（二）提出综合性的权力配置理论框架

本书通过结合两大理论视角提出了一个综合性的团队权力配置理论框架，不仅考虑了权力的分配方式对团队绩效和创新的正向影响，还系统分析了其可能引发的冲突和消极影响。特别是，研究提出的双路径模型和权力合法性调节机制，为理解权力在团队中如何实现其积极作用、避免消极效应，提供了全新的视角和理论依据。

（三）为企业提供管理实践指导

在企业管理实践中，合理的权力配置直接影响团队的合作与创新。本书的研究可以为企业提供宝贵的指导，帮助企业管理者在实际操作中更好地理解和把握团队权力配置的最佳实践。例如，如何在去中心化的管理模式下，既保持团队成员的自主性和创新性，又避免因权力过度分散而引发冲突和低效；如何通过优化权力配置来减少任务冲突和关系冲突，进而提升团队的整体绩效和创新能力。此外，数字化赋能的调节效应也为企业在数字化转型过程中如何管理团队提供了重要参考。

（四）推动团队创新研究的深入发展

创新是企业长期竞争力的核心驱动力，而团队创新又与团队内部的权力结构密切相关。本书通过探讨权力分布差异如何影响团队创新绩效，揭示了团队权力配置在创新活动中的双重作用，并提出了权力合法性作为关键调节因素的重要性。这为进一步研究团队创新机制，尤其是在跨职能和多元化背景下的创新模式提供了理论依据。同时，权力的合法性如何在团队创新过程中发挥作用，也为学术界对权力与创新关系的探讨提供了新的思路。

（五）促进跨学科的理论融合与发展

本书通过融合权力功能主义与权力冲突理论，为团队管理、组织行为学、创新管理、冲突管理等领域提供了跨学科的理论框架，推动了这些学科的交叉发展。在实际管理中，权力的配置和管理不仅是人力资源管理的问题，也涉及到组织文化、团队合作、沟通机制等多个方面的复杂因素。通过对这些因素的综合考量，本书有助于促进各学科之间的理论融合与创新，推动理论与实践的深度结合。

（六）为政策制定和组织变革提供参考

随着组织形式和管理模式的不断演变，尤其是在全球化、数字化和去中心化趋势下，企业面临着越来越多的管理挑战。本书的研究成果不仅为企业提供了理论指导，也为政策制定者和组织变革的推动者提供了参考。在进行组织结构调整、实施管理创新或推行企业文化变革时，如何合理配置团队权力、优化权力结构，以促进组织高效运作和创新发展，已成为当今企业管理的关键问题。本书的理论框架和实证分析可为政策制定和组织变革的实践提供重要支持。

第三节　团队权力研究的创新

本书的研究创新主要体现在以下几个方面：

一、权力功能主义与权力冲突理论的综合应用

本书的主要创新在于将权力功能主义与权力冲突理论进行有机结合，探索团队权力对团队绩效和创新的双重影响机制。传统的团队权力研究往往侧重于其中一种理论视角，如权力功能主义侧重探讨权力如何通过有效分配促进团队协调和绩效，而权力冲突理论则聚焦于权力差异引发的冲突对团队运行的消极影响。通过将这两者结合，本书不仅揭示了团队权力分布差异的积极作用，也深入探讨了其潜在的消极影响，提供了一个更为全面、系统的分析框架。尤其是在分析团队创新绩效时，本书创新性地提出了双路径模型，揭示了权力分布差异通过团队冲突和团队协调两条路径相互作用，进而影响团队创新能力的动态过程。

二、权力分布差异的多维影响机制

本书在分析团队权力时，提出了多维度的权力分布差异模型，即权力分布差异不仅通过共享心智模型、交互记忆系统等团队认知机制影响团队绩效，还通过员工角色清晰度路径正向作用于创新绩效。与传统的单一维度分析不同，本书通过引入多个中介变量（如共享心智模型、交互记忆系统和角色清晰度），全面展示了权力分布差异如何通过多种认知和行为机制影响团队工作和创新表现。其中，共享心智模型的引入是本书的一个创新点，尤其在团队认知视角下，权力分布差异通过共享心智模型的路径正向影响团队绩效，揭示了团队成员如何通过共享的知识、经验和预期来协调行动并提高工作效率。交互记忆系统的正向调节作用也为权力分布差异与团队绩效之间的关系提供了新的视角，表明在权力差异较大的团队中，交互记忆系统有助于提高团队的合作效率，减少信

息处理障碍，从而增强团队的执行力。此外，本书还提出了数字化赋能在权力分布差异中的调节效应，强调了在现代数字化背景下，信息技术工具如何帮助团队成员克服权力分布差异带来的负面影响，尤其在增强员工角色清晰度和提高创新绩效方面具有重要作用。通过数字化工具，团队成员能够更加高效地获取信息、沟通和协作，从而提高创新能力和工作效率。

三、揭示了权力分布差异的消极影响及调节机制

本书还创新性地揭示了权力分布差异如何通过团队冲突影响团队绩效。传统的团队权力研究虽然指出了权力差异可能引发冲突，但本书更为深入地分析了任务冲突和关系冲突如何在不同权力结构下表现出来，进而影响团队的整体表现。特别是，本书通过详细探讨权力争夺在其中的作用，提出了“权力争夺”是权力分布差异导致团队冲突的关键中介变量，进一步丰富了团队冲突研究的理论框架。本书的一个重要贡献是对权力一致性的调节效应进行了系统研究，发现权力一致性在调节权力分布差异对团队冲突的影响方面发挥了重要作用。当团队内的权力一致性较高时，团队成员能够通过共识和明确的权力规则减少冲突，避免因权力分布差异引发过多的负面情绪和任务分歧，最终缓解了权力差异对团队绩效的负向影响。这一发现为团队管理者提供了重要的实践指导，即在团队权力分配上需要注意保持一定的一致性，以降低冲突和提升团队凝聚力。

四、构建了双路径模型下权力分布差异对团队绩效影响的研究

在团队创新绩效的研究上，本书提出了权力分布差异对团队创新绩效的双路径模型，这一创新性地整合了权力功能主义和权力冲突理论的核心观点，探索了团队权力分布差异通过团队冲突和团队协调两条路径共同作用于创新绩效的机制。在这一模型中，权力分布差异既可能因促

进团队协调和合作而推动创新，也可能因引发冲突而抑制创新。通过对这两条路径的交互作用进行详细分析，本书发现这两条路径存在相互抵消的效应，即当权力分布差异较大时，团队冲突可能通过消极路径抑制创新，而团队协调的积极路径则可能通过有效的沟通和合作推动创新。然而，在这两条路径之间，权力合法性发挥了关键的调节作用。具体而言，权力合法性可以有效抑制权力分布差异带来的负向效应，帮助团队成员更好地接受并适应权力差异，从而提升团队的创新能力。这个发现不仅丰富了权力分布差异对团队创新的理论探讨，也为实际管理中的权力分配提供了新的视角。

五、结合时代发展，提出了数字化赋能的调节作用

数字化赋能作为本书的一个创新研究方向，着眼于现代信息技术如何影响团队成员在权力分配差异情境下的行为反应和绩效表现。在传统团队研究中，权力差异通常被视为一个静态的因素，但本书通过引入数字化赋能提出了在数字化时代信息技术如何改变团队成员的沟通、协作和创新方式，从而改善团队的整体效能。特别是在员工角色清晰度的路径中，数字化工具通过提供更多的沟通渠道、信息流通和角色定义帮助员工更清楚地认识到自己在团队中的位置，从而减少因权力不平衡而产生的冲突，提升团队创新效率。这一创新不仅对学术界关于团队权力配置的研究具有重要贡献，也为管理实践中如何利用数字化手段优化团队运作提供了理论支持。

综上所述，本书的研究创新体现在多维度分析团队权力的影响机制，尤其是在权力功能主义和权力冲突理论的综合视角下，探讨了权力分布差异对团队绩效、创新和冲突的复杂影响路径。同时，本书通过提出双路径模型、数字化赋能的调节作用等新思路，进一步拓展了团队权力研究的边界，为学术研究和实际管理提供了新的理论框架和实践指南。

第二章　团队权力研究的现状

第一节　权力由来的研究

1832 年，查尔斯 · 达尔文（Charles Darwin）在南美洲最南端的火地岛（Tierra del Fuego）旅行时，遇到了当地的土著部落。目睹了这些部落艰苦的生活条件后，他写道“人类的进步程度低于世界上任何其他地方”。达尔文直接将这些部落的困境归因于其平等主义的社会结构，认为部落内部完全的平等状态阻碍了他们的文明进步。他认为，社会中个体的平等性使得这些部落难以发展出有效的领导体系和社会秩序，而这种缺乏领导力的结构，使得他们的社会始终停滞不前。他进一步指出：“组成这些部落的个人之间的完全平等在很长一段时间内阻碍了他们的文明，正如我们所看到的，那些本能迫使它们生活在社会中并服从首领的动物最有能力改进。因此，人类在火地岛，除非某个酋长有足够的权力获得任何利益，如家养动物，否则该部落的政治状态几乎不可能得到改善。”

达尔文的观点揭示了他对人类社会发展的观察，并提出了一个重要的社会学命题——等级制度是群体成功的必要条件。他认为，个体之间的权力差异和等级秩序对推动社会进步至关重要。这一观点虽然在 19 世纪的社会理论中引起了广泛的讨论，但随着进化论的传播，达尔文的观点逐渐获得了更广泛的社会科学认可。实际上，等级制度在多个学科中的应用已成为重要的理论框架，尤其是在组织行为学、社会学、心理学和经济学等领域。

在组织行为学中，等级制度被视为一种必要的社会结构形式，能够促进团队内部的协调与高效执行。许多研究表明，领导力的存在和权力的分配直接影响着团队的决策和执行力（Bass, 2008）。例如，研究发现，具有清晰领导结构的团队能够更迅速地做出决策，并在面对复杂任务时展现出更高的执行力。在社会心理学的研究中，达尔文关于“社会中有领导者的动物最有能力改进”的观察得到了一定的扩展。权力和地位成为研究个体行为、社会互动和群体动力的核心议题（Magee, Galinsky, 2008）。许多实证研究表明，群体中的地位差异能够激发个体的竞争力，并推动创新与发展。领导者的权威不仅可以稳定群体的运作，还能在面对外部威胁时加强群体的凝聚力。

与此同时，现代心理学的研究也支持达尔文的观点，认为社会中有明确等级结构的群体比那些平等主义结构的群体更具适应性和生存优势。例如，研究者发现，在自然选择过程中，领导者和下属之间的权力差异有助于群体在变动的环境中做出快速反应，并采取协调一致的行动（Van Vugt, Hogan, Kaiser, 2008）。这种权力和地位的分配不仅能够提高群体的效率，还能够降低群体内部的冲突和摩擦。

此外，达尔文的论点也与近年来在领导力和权力研究中提出的“权力动态”理论相呼应。Magee 和 Galinsky（2008）提出，权力不仅仅是资源和控制的分配，更是群体内角色和地位的象征。权力结构能够塑造群体成员之间的互动方式，影响他们的行为模式及其对外界压力的反应。总体来说，达尔文对等级制度的看法为后来的社会科学研究提供了重要的理论基石，尤其是在领导力、权力和地位研究中，其影响力仍然深远。尽管他对平等主义的批评在今天看来可能过于简化，但其提出的关于社会组织中权力差异的重要性，依然为我们理解和分析现代社会结构提供了宝贵的视角。随着社会环境的不断变化，未来的研究需要更多地探讨如何在多元化和全球化的背景下构建既能促进群体效率又能实现社会公正的社会结构。

第二节　个体权力的研究

个人权力（Personal Power）是一个跨学科领域中的核心概念，涉及社会学、心理学、管理学等多个学科的研究。个人权力不仅指个体在组织或社会中的影响力，还与资源控制、社会关系、决策能力以及权力行使的方式密切相关。个体如何利用自身的权力影响他人、达成目标以及实现个人和集体的利益，是研究的关键内容。在组织行为学中，个人权力不仅决定着个体在团队或组织中的位置，而且对团队合作、领导力、冲突管理等方面产生深远影响。通过对个人权力的多维探讨，本研究旨在系统总结个人权力的相关理论，并分析其影响因素及效应，为今后的学术研究和管理实践提供理论依据。

一、个体权力的概念

个体权力作为社会科学研究的一个核心概念，长期以来吸引了社会学、心理学、组织行为学等领域学者的关注。对于权力的定义，学者们提出了多种不同的理解和解释，但大多数学者普遍认为权力是一种实现个人意图的能力，尤其是在面对阻力或限制时仍能施加影响、达成目标的能力。

最早的权力定义之一来自马克斯·韦伯（Max Weber, 1947），他认为权力是一种能力，能够抵抗阻力并实施个人的意愿。这一观点强调了权力作为个体对外部环境的控制和影响的功能，突出了权力在克服外部挑战时的核心作用。后来，学者们进一步发展了权力的定义，强调其对资源控制的含义。Aime 等学者（2014）指出，权力的概念是在个体为了获取社会资源而进行互动的背景下形成的。在资源分配不均的社会环境中，部分个体通过控制更有价值的资源，从而在不确定的环境中占据有利地位。Magee 和 Galinsky（2008）进一步解释，所谓的“有价值资源”是指那些重要且持久的资源，这些资源不仅能够满足个体的需求，而且能建立起对他人的依赖关系。

实际上，资源控制是权力的一种重要体现。掌控更多重要资源的个体不仅能够更有效地实现个人目标，还能够影响他人的行为和决策。因此，个体获得资源的数量和类型直接关系到其所拥有的权力。从这一角度看，权力不仅仅是个人地位的体现，更是个体能够施加影响力和控制他人行为的工具。

Sturm 和 Antonakis（2015）在其研究中进一步细化了权力的概念，他们认为权力应当包含三个核心要素：其一，主观性，即个体对自己所拥有权力的感知；其二，控制性，即个体对资源的控制能力，尤其是对他人资源的影响力；其三，影响性，即通过控制资源来影响他人行为并实现自身意图。简单来说，权力是一种对资源的控制能力，这种控制通常是不对称的，意味着某些个体能够通过控制关键资源影响周围其他个体的行为。个体不仅可以利用这些资源实现自身目标，还能够在此过程中影响他人的决策和行为。

因此，权力不再仅仅是某一社会地位的象征，而是与资源控制和影响力的行使密切相关。个体的权力与其对环境的掌控能力、资源的占有以及影响他人的能力密不可分。

权力作为个体交流互动的基本要素（Dijke, Poppe, 2004），在心理学领域尤其引人关注。心理学研究中的“权力感知”是指个体对自己在社会互动中所能发挥的影响力和控制能力的认知。权力感知并不一定与个体的实际权力（或社会地位）直接对应，而是反映了个体在特定情境下感知到的自我控制和影响他人的能力。因此，心理学中对权力的研究通常聚焦于权力感知（perceived power）而非真实的权力（actual power），有时也称之为权力体验（experienced power）（Mast, 2010）。

个体的权力感知与实际权力之间并不总是直接相关。心理学研究表明，个体的权力感知能够在很大程度上影响其行为和决策。具体来说，如果一个个体认为自己拥有较高的权力，他们通常会表现得更加自信，采取更加主动和果敢的行动，这种自信往往会反过来增强他们在他人中的影响力。Galinsky 等学者（2003）提出，权力不仅仅是通过实际的控制力来实现影响，它还可以通过心理状态进行激活，个体即使在没有实际权力的情况下，也能够体验到类似拥有权力的心理和行为模式。

Galinsky 等（2003）进一步扩展了权力感知的测量方式，提出权力感知可以随时被激活，产生与权力相关的情感、认知和行为倾向。也就是说，权力感知不仅仅取决于个体的实际资源或社会地位，而是可以通过情境因素和个体心理的变化而获得动态激发。这一发现为学者们在权力研究中的测量提供了更多的可能性，并拓宽了对权力概念的理解。

在实际情境中，权力感知的激活可能源于外部环境的变化（如职场中的角色调整、社会地位的提升或特定资源的获取）或内在的心理变化（如自信心的增加）。例如，在一个团队中，如果个体认为自己拥有更多的信息或资源，他们的权力感知会被激活，进而采取更多主导性的行为。这种行为不仅能够增加他们在团队中的影响力，还能增强其在团队中的地位和作用。

总的来说，个体权力不仅仅是一个社会层面的控制力，还是个体心理状态和行为反应的重要组成部分。权力感知作为一种心理状态，能够在不同的情境中得到激活，从而影响个体的行为和决策。权力的主观感知与实际权力的存在之间有着复杂的互动关系，这种关系不仅仅在组织行为学中具有重要意义，也为我们深入理解个体在社会互动中的行为提供了新的视角。

二、个体权力类型

个体权力类型的研究有助于我们更好地理解个体如何在组织中发挥影响力。权力的来源不仅包括职位本身的授权，还涵盖个体的专业知识、个人魅力、人际网络等多种因素。根据不同的视角，学者们提出了多种个体权力类型，其中比较经典的包括专家权力、参照权力、奖赏权力、强制权力、合法权力、信息权力和联系权力。每种权力都有其独特的作用方式和使用情境。以下是这些个体权力类型的具体分析：

（一）专家权力（Expert Power）

专家权力是指个体因其在某一特定领域的专业知识和技能而获得的影响力。拥有专家权力的个体通常被认为是该领域的权威，其意见和建议往往受到他人的高度重视。在技术密集型行业、学术研究以及管理决策等领域，专家权力尤为重要。研究表明，专家权力不仅依赖于专业知识的深度，还取决于个体能否将自己的知识应用于解决实际问题（Issac et al., 2023）。这种权力的核心是知识的独特性和稀缺性，能够通过专业能力影响他人的行为和决策。

（二）参照权力（Referent Power）

参照权力源自个体的魅力、人格特质及人际吸引力。具有参照权力的个体能够通过展示自身的榜样作用、信任与个人魅力来影响他人的行为。参照权力的核心在于建立深厚的社会关系和情感联系，个体通过吸引他人对自己的钦佩和认同，从而获得影响力（Issac et al., 2023）。这种权力在团队合作和领导力中尤为重要，尤其是在领导者需要激励团队成员、促使他们向着共同目标努力时，参照权力起着关键作用。

（三）奖赏权力（Reward Power）

奖赏权力是指个体通过控制资源和奖励（如薪酬、晋升机会等）来激励他人的能力。具有奖赏权力的个体能够通过提供奖励来驱动他人行为，从而促进目标的实现（Bonner et al., 2022）。这种权力通常与组织的资源配置和激励机制密切相关，它使得权力拥有者可以通过物质奖励或精神鼓励来增强他人的积极性，激发其更高的工作热情和创造力。

（四）强制权力（Coercive Power）

强制权力是指个体通过威胁或施加负面后果（如惩罚、解雇等）来迫使他人做出某种行为。强制权力通常与上级的权威和控制力相关。尽管强制权力在短期内可以有效达成目标，但长期过度依赖此类权力可能导致员工的不满、忠诚度降低及组织冲突的加剧（Kipnis et al., 1976）。因此，强制权力需要谨慎使用，过度依赖可能引发负面影响。

（五）合法权力（Legitimate Power）

合法权力源自组织结构和职位所赋予的权威，通常伴随着职位的高低。职位较高的个体往往拥有更大的合法权力，能够做出决策、分配资源，甚至影响他人的行为（Hofmann et al., 2017）。合法权力的行使必须与组织的规章制度和文化相一致，若与组织的基本规范相冲突，权力的合法性可能会受到挑战。合法权力是依靠组织内的正式身份和权威来影响他人，是一种权威性的权力。

（六）信息权力（Information Power）

信息权力源自个体对关键信息的掌控。拥有信息权力的个体通过控制信息的流动和传播来影响他人的决策和行为。学者们对信息权力的归属有所争议，有些学者认为信息权力属于职位权力的一种，因为职位可以提供更多的关键信息（Yukl, Falbe, 1991），而另一些学者认为信息权力是个体权力的一种，因为信息来源并不局限于职位，个体也能通过非正式渠道获得信息（Munduate, Gravenhorst, 2003）。无论如何，信息权力的核心在于对信息的控制，这种控制赋予了个体在决策中的巨大影响力。

（七）联系权力（Connection Power）

联系权力是指个体通过与有影响力的重要人物建立联系而获得的权力。这些重要人物能够带来资源、机会或其他优势，权力的来源在于这些联系所带来的潜在利益。联系权力的效果取决于权力拥有者的社交网络和这些联系的重要性（Hersey, Blanchard, Natemeyer, 1979）。在中国等注重人际关系的文化环境中，联系权力尤为重要，它能够使个体通过与关键人物的关系来拓展影响力。

（八）关系权力（Relational Power）

关系权力是指个体通过建立和维护与他人的关系网络而获得的权力。Zhao 等（2016）提出，在中国文化背景下，关系在组织中的作用尤为突出，成为了一种独特的权力来源。关系权力包括血缘型、地缘型和人缘型三大类型，这些关系构成了个人在组织和社会中的影响力基础。研究表明，关系权力在组织中的运用可以通过与关键人物的关系共享资源来增强个体在决策过程中的话语权和行动力（Shang, Fu, Chong, 2012）。

不同类型的权力并非孤立存在，它们之间往往相互影响。根据以往的研究，合法权力、奖赏权力和强制权力通常被视为职位权力的组成部分，而专家权力、参照权力、信息权力和联系权力则被视为个体权力的重要来源。Bass（2009）提出的二维模型进一步揭示了职位权力和个体权力之间的互动关系。研究发现，合法权力、奖赏权力和强制权力往往会影响参照权力和专家权力，而专家权力也会对参照权力产生正向影响（Munduate, Dorado, 1998）。

此外，研究还发现，不同类型的权力之间有时会表现出相互依赖的关系。例如，专家权力和参照权力之间存在显著的正相关关系，这意味着一个拥有专家知识的人往往更容易获得他人的尊重和认同，进而提升其参照权力。而强制权力和奖赏权力则可能对其他权力来源产生一定的影响，例如强制权力可能影响他人对专家权力的感知。

总的来说，个体权力的类型丰富且复杂，不同类型的权力在不同的情境中发挥着不同的作用。理解这些权力类型及其相互关系，对于提升个体在组织中的影响力具有重要意义。在实际应用中，权力的运用往往需要根据组织文化、任务需求以及个体特点进行灵活调整。未来的研究可以进一步探讨不同权力来源之间的交互作用，以更全面地揭示权力的本质及其对组织行为的影响。

二、个体权力的影响因素

个体权力的形成和行使并非孤立存在，而是受到多种内外部因素的共同作用。个体特质、社会关系、组织结构与文化以及情境因素等，都在不同程度上影响着个体权力的建立、维持与发展。以下是一些主要因素的详细分析及相关研究的最新观点。

（一）个体特质

个体的性格、能力、情商以及其他心理特征对个体权力的形成和行使具有重要影响。例如，情商较高的个体更容易在社交互动中建立积极的关系网络，这有助于提升其参照权力（Goleman, 1998）。情商高的人更善于理解他人情感并调节自己的行为，从而建立起人际信任和合作，进而增加他们在团队中的影响力。此外，个体的自信心、沟通能力和决策能力等，也在很大程度上决定了他们如何展示和运用自己的权力。自信心较强的领导者能够更有效地做出决策，并在组织中引导变革，这些都增强了他们的合法权力和专家权力。近年来的研究进一步证明了这些个体特质在权力形成中的作用。Emmerling 和 Boyatzis (2012) 在一项跨文化的研究中指出，情商在领导力和影响力的形成中具有重要的调节作用，尤其是在需要跨文化沟通的环境中，领导者的情商显著提高了他们的参照权力和专家权力。此外，Hollenbeck 和 Hall (2022) 发现，自信心与领导者的任务完成能力密切相关，这增强了其专家权力和合法权力的行使效果。

（二）社会关系和人际网络

社会资本理论强调，个体通过与他人的联系和互动，可以获取更多的资源、信息和支持，从而增强其影响力（Bourdieu, 1989）。在复杂的组织或社会环境中，个体的社会网络越广泛，越容易获得支持和资源，从而增强其个体权力。广泛的社会网络不仅能够为个体提供资源，还能帮助其在决策中获得更多话语权，尤其在多变的市场环境中，社会关系能够为领导者提供关键的信息和帮助。对于社会关系在权力形成中的影响，近年来的研究给予了更多的关注。Andrews (2010) 在其研究中指出，强大的社会网络不仅能提升个体的资源获取能力，还能够帮助他们在组织内的权力斗争中占据有利地位。具体而言，领导者在资源控制和信息流通方面的社会资本能够显著提升其奖赏权力和信息权力。

（三）组织结构与文化

组织的结构类型和文化背景对个体权力的行使具有深远影响。在层级化的组织中，职位权力（如合法权力）通常占据主导地位，因为权力来源于组织内的正式职务和职位。个体的权力通常与其职位高度相关，这使得高层管理者拥有更大的决策权和资源控制权。然而，在扁平化和创新型的组织结构中，专家权力和参照权力往往占主导地位，因为这些组织强调的是个体在专业知识和人际互动方面的能力，而非单纯的职位权力。组织文化也在很大程度上影响了个体权力的接受度与有效性。如果一个组织文化倾向于权力分散并强调员工的自主性和参与性，那么个体的自由度和影响力往往会增强。在这种环境中，专家权力和参照权力能够有效发挥，员工更多依赖于个人能力和人际关系，而非单纯的职位授权。Rish 等人 (2023) 在其研究中指出，灵活的组织文化不仅有助于个体权力的增长，还能够促进跨部门合作，提高创新能力。

（四）情境因素

个体权力的行使还受到具体情境的影响。情境因素的变化可能决定了权力来源的不同。例如，在高风险或危急情况下，个体的决策能力和专业知识可能成为其权力的主要来源。在这些情况下，拥有深厚专业知识的个体通常能够在危机中起到关键作用，发挥其专家权力。同时，在日常运营中，人际关系的影响和资源控制可能成为个体权力的主要来源（Tichy, Ulrich, 1984）。例如，危机管理中的决策者往往依靠专家权力来解决紧急问题，而在日常管理中，奖赏权力和合法权力则可能发挥更大作用。2010 年，Anderson 和 Brown 的研究表明，在经济不确定性较高的时期，组织内部的专家往往被赋予更多的决策权，而在人际互动较为平稳的时期，领导者更多依赖其职位权力和奖赏权力。

个体权力的形成是一个复杂的过程，涉及个体的内在特质、社会关系的网络、组织结构与文化的影响，以及情境因素的动态作用。随着环境和背景的变化，个体可以根据需要调整其权力来源和行使方式。因此，领导者和管理者应当注重发展其情商、专业能力和人际网络，积极适应组织文化和结构的变化，以便更好地发挥个体权力，推动组织的成功。

三、个体权力的影响

个体权力的影响是一个多层次、多维度的议题，涉及认知、情感、行为以及团队合作、组织绩效等多个方面。权力不仅影响个体的决策和行为，还深刻影响团队和组织的运作，以下将综合分析权力对个体认知、情感、行为的影响及其对团队合作、组织效能和社会关系的作用。

（一）权力对个体认知、情感、行为的影响

1. 对认知的影响

权力对个体认知的影响首先表现在社会认知的自动化上。权力拥有者通常倾向于简化信息处理过程，关注目标导向的信息，并且更擅于抓住信息要点（Slabu, Guinote, 2010）。权力使得个体在认知外部信息时表现出更高效的处理能力，同时在自我认知方面，权力拥有者往往将信息分析得更加抽象（Magee, Smith, 2013）。这些认知变化可能会导致权力拥有者对他人观点的忽视，并加深刻板印象（Lammers, Stapel, 2009）。然而，也有研究表明，权力能够促进观点采择，尤其是在决策过程中（Schmid, 2020）。

2. 对情感的影响

权力对个体情感的影响包括情感表达和情感体验两个方面。研究表明，权力拥有者通常更容易表达正向情感，如热情和乐观（Anderson, Galinsky, 2006），而低权力个体更容易表现出负向情感，如不安和害怕（Berdahl, Martorana, 2006）。权力感还能够增强个体的自信心和自尊感（Wojciszke, Struzynska-Kujalowicz, 2007）。另一方面，权力拥有者往往表现出较弱的同情心（Van Kleef et al., 2008），这可能有助于解释为何

他们在情感上倾向于表现出积极情绪而不是悲伤或痛苦的情感。

3. 对个体行为的影响

权力对个体行为的影响最直接地体现在决策和行为倾向上。权力拥有者由于对潜在收益的敏感性，通常比低权力个体更加主动地追求个人利益（Gruenfeld et al., 2008）。有学者指出，权力拥有者可能倾向于突破社会规范，表现出自利行为。然而，也有研究发现，权力拥有者在要求他人遵守道德规范时，反而更加严格（Lammers et al., 2013）。这种行为的差异可能源于权力拥有者的不依赖他人，导致他们更为疏远他人（Magee, Smith, 2013）。

（二）权力对团队合作、组织效能及社会关系的影响

1. 对团队合作的影响

个体权力的行使对团队合作具有双重效应，既可以促进团队凝聚力和效率的提升，也可能带来负面后果。权力的正面影响主要体现在领导者的专家权力和参照权力上。专家权力通常来源于个体的知识和能力，而参照权力则源自个体的魅力和人格特质。当团队成员认为领导者或个体具备专家权力时，成员往往愿意倾听和接受其决策，从而提高整体团队的协作效率和凝聚力。这类权力使得团队成员之间更能产生信任，增强团队内部的互动与合作。然而，过度依赖强制权力或奖赏权力可能会导致团队成员的抵触情绪和信任危机。强制权力通常基于惩罚机制，而奖赏权力则依赖于给予外部奖励。尽管这种权力形式能在短期内促使团队成员执行任务，但从长远来看，它可能破坏团队成员之间的相互信任和合作意愿（Podsakoff et al., 2006）。研究表明，过于强调控制和奖励的领导风格容易导致团队成员的内在动机下降，增加团队内部的矛盾与冲突。因此，权力的行使必须平衡各类权力形式，尤其是在团队合作和信息共享方面，需要领导者注意权力行使的方式和程度。

2. 对组织绩效的影响

个体权力对组织绩效的影响非常深刻。首先，权力较大的个体能够在资源分配、决策引导和冲突调解等方面发挥关键作用。通过有效的资源调配和战略决策，权力拥有者能促进组织目标的实现，并能够应对复杂的组织环境中的挑战（Yukl, Michel, 2006）。例如，在跨部门合作、创新项目推进等需要高效协调和调度资源的情境中，拥有权力的个体能够通过调整资源和优化决策流程，使组织绩效得到提升。然而，权力的滥用或行使不公可能对组织造成严重损害。当权力被用于个人利益或为某些特定群体谋取利益时，组织内部的公平性和透明度将受到威胁，导致员工的不满、冲突甚至离职。此外，资源的分配不公会导致浪费，削弱组织的整体绩效（Kipnis et al., 1976）。权力的滥用不仅损害团队成员之间的信任，还可能导致组织的价值观和文化遭遇挑战。因此，组织应当注重权力的合理分配，确保权力的行使符合公平、公正和公开的原则。

3. 对个体职业发展的影响

权力的大小直接决定了个体在职场中的发展机会。高权力个体往往能通过影响他人决策和资源分配来提升自己的职业地位。这种影响不仅体现在职位的晋升上，还包括获得更好的项目机会、更高的薪酬待遇以及更广泛的社会影响力（Judge, Bono, 2001）。例如，拥有专家权力的个体，因其专业知识和能力，往往在企业内部享有较高的声誉和影响力，从而获得更多的职业晋升机会。此外，社会关系网络也是影响个体职业发展的重要因素。拥有较强参照权力的个体，能够通过建立广泛的人际关系和合作网络，增加自身的职业发展机会。与同行、上级或其他组织成员的良好关系能够帮助个体获取更多的信息和支持，拓展职业发展的空间。然而，过度依赖权力而忽视人际关系的培养，可能导致个体在团队和组织中逐渐失去信任和支持，反而阻碍职业发展。

4. 对社会关系的影响

个体权力对社会关系的影响既有积极的一面，也有消极的一面。正面影响方面，个体通过行使权力能够获得更多的支持和合作机会，从而扩大其在社会网络中的影响力。高权力个体通常能够通过有效的沟通、领导和决策来引导他人，获得更多的社会资源和支持（Tichy, Ulrich, 1984）。例如，社会中拥有较高权力的个体更容易成为关键决策者或意见领袖，在社会互动中占据重要地位。然而，权力的滥用可能导致个体与他人关系的紧张，甚至损害其在社会中的声誉和地位。权力的不当行使往往伴随着控制欲和过度干涉，进而破坏社会互动中的平等性和合作精神。特别是在权力行使缺乏透明度或正义感的情况下，个体可能会失去他人的信任，导致社会孤立或人际关系的恶化。此外，长期滥用权力的个体，可能会面临被社会边缘化的风险，甚至影响其个人的社会声誉和职场前景。

（三）权力的双面性与应用

越来越多的学者开始认识到权力的双面性，即权力既有积极的一面，也有消极的一面。权力的积极面包括权力拥有者在表达自我、坚持观点、推动目标等方面的优势，而消极面则表现为权力可能导致道德规范的突破、自利行为的增加以及人际关系的疏远（Anderson, Berdahl, 2002；Fischer et al., 2011）。在实际应用中，如何平衡权力的使用，以促进团队合作和组织效能，同时避免其负面影响，是管理实践中的重要课题。

综上所述，个体权力不仅在认知、情感和行为方面产生深远影响，而且在团队合作、组织绩效和社会关系等层面具有重要作用。未来的研究可以进一步探讨个体权力在不同文化背景、组织类型和社会环境中的作用，特别是在数字化时代通过新的权力模式提升团队协作和组织效能的方法。权力的动态性和其多维度影响为管理学、社会学和心理学等领域的交叉研究提供了丰富的素材。通过对权力的研究，可以更深入地理解个体如何在权力结构中发挥作用，并为组织中的领导力培养、团队合作和资源配置等方面提供理论支持和实践指导。

第三节　团队权力的研究

不可否认，权力是个体在团队和组织中渴望获得的重要资源。拥有权力不仅能够为个人带来一系列显著的好处，包括提升自信、改善决策执行功能，甚至增强生理健康和延长预期寿命（Galinsky et al., 2003）。然而，尽管权力对个体本身的影响普遍为正面效应，但当这些高权力个体与团队中的其他成员互动时，权力可能会带来负面效应，特别是在团队内部出现权力不平衡时。越来越多的研究表明，权力的存在可能会增加团队内部的冲突和权力斗争，进而损害团队的凝聚力和整体绩效。

权力的影响在个体和群体层面存在显著差异。对于个体而言，高权力往往带来更多的资源控制和决策权，个体也因此能感受到更多的控制感和幸福感。权力的积极效应，如增强自信心和社会地位感，使得个体在决策中往往更加果敢，从而提高了个人的任务执行能力和影响力（Fiske, 2010）。然而，当这些高权力个体与团队中的其他成员互动时，权力带来的优势可能会引发群体内部的紧张和冲突，尤其是在权力分布不均的情况下。

当团队中存在多个权力持有者时，尤其是管理层或决策团队中的成员，群体内部的权力斗争往往成为一种常态（Anderson, Brion, 2014）。权力分散和群体内权力层级的不同结构会显著影响团队成员之间的互动模式。在权力高度集中的团队中，高权力个体通常会通过控制资源和决策来加强自己的地位，这种不平等的权力分配容易引发竞争、争夺以及抗拒行为（Tost et al., 2013）。此外，当团队中的个体权力差距较大时，低权力个体可能会感到被边缘化，进而减少其对团队目标的投入和合作意愿（Van Knippenberg et al., 2004）。这种现象在权力高度集中的组织环境中尤为明显，尤其是在管理层中，领导者和下属之间的权力差距可能加剧组织内部的紧张气氛，从而影响决策效率和群体关系质量。与此相反，在权力分布均衡的团队中，群体成员之间的互动通常较为和谐，成员间的合作性较强，群体凝聚力和创新性较高（De Dreu, Van Vianen, 2001）。在这样的团队中，权力不是显著的社会差异，因此团队成员更有可能以合作和集体主义的方式进行互动，从而提升团队的整体绩效。

过去的研究主要是孤立地研究权力尤其是个体层面的权力影响，而对于权力在相互依存的团队环境中尤其是在多个高权力个体相互作用情况下的作用一直未给予充分探讨，这一问题直到近年来才逐渐引起研究者的关注。在这些新兴的研究中，团队内的权力结构被理解为基于各个团队成员所拥有的不同权力类型和水平的综合结果。不同的权力维度（如专业知识、魅力、合法权威等）在团队中的作用可能互相交织，共同影响个体在团队中的权力地位。例如，团队成员的权力不仅来源于正式的职位或等级，还包括个人魅力、专业知识甚至对外部资源的控制权（Groysberg et al., 2011）。这些不同维度的权力为团队成员的整体权力水平变化提供了丰富的可能性。这一观点与期望状态理论相契合，该理论提出，在团队环境中，成员所展现的各类个人特征往往被他人用作形成绩效期望的基础，从而影响团队的集体行动和合作。

这一理论转变意味着，团队中的权力不再局限于某个成员拥有绝对的支配权，而是多个成员可能在不同维度上拥有类似的总体权力水平。换句话说，权力不再是零和游戏，即不需要假设如果一个成员拥有较高权力，其他成员就必然拥有较少的权力。相反，团队成员可以在不同的维度上各自拥有一定程度的权力，这种多维权力结构丰富了权力的概念，并为进一步的研究提供了新的视角。

研究者已经对团队权力结构的三种主要类型进行了探索：团队权力水平、团队权力分布差异和团队权力多样性。（1）团队权力水平：团队中成员权力的平均水平（Greer, Van Kleef, 2010；Sassenberg, Ellemers, Scheepers, 2012）。例如，管理团队或政策制定团队通常属于高权力团队，因为这些团队中的成员通常具备较高的决策权和资源控制权。与此相对，工厂生产线团队或由初级员工组成的团队通常属于低权力团队，因为这些团队中的成员具有较低的决策权和控制权。（2）团队权力分布差异（或权力层级）：团队内部权力的集中或分散程度。在某些团队中，权力可能集中在一个全能的领导者身上，而其他成员几乎没有权力，这类团队就具有显著的权力分布差异。与此相对的是，低权力分布差异的团队，团队成员权力比较均衡，权力的差距较小。（3）团队权力多样性：团队成员从不同源头获取权力的程度。当团队成员的权力来自多个源头（如任务知识、合法权威、惩罚能力等），这种团队就会表现出高权力多样性。例如，一个跨职能团队中的每个成员可能凭借自己的专业领域或职能角色拥有不同形式的权力。而当团队成员的权力仅来自相同的源头（如相同的任务知识或同等的合法授权）时，则表现为低权力多样性。

随着对团队权力结构研究的不断深入，越来越多的学者认识到，团队中的权力不仅取决于个体的职位或职权，还受到多种权力维度的共同作用。在这种背景下，研究团队内权力的分布差异、层级结构和多样性为我们提供了更为全面的视角。这些新兴的研究视角为理解团队内部的合作模式、冲突产生及其对团队绩效的影响提供了理论支持，同时也为企业和组织管理中的实际决策提供了重要参考。

一、团队权力水平

团队权力水平的定义为团队中成员权力的平均水平（Greer, Van Kleef, 2010；Sassenberg, Ellemers, Scheepers, 2012），与个体权力类似，团队权力也能激活团队成员的行为系统，并影响整个团队的互动和决策过程。这种权力对团队的影响既可能是积极的，也可能是消极的。

在研究团队权力的积极影响时，许多文献关注了共享领导的概念，这表明提高团队成员的权力水平有助于激发团队中的积极影响过程。具体而言，拥有较高权力的团队成员在决策过程中的发言权和参与度可能更高。这种积极影响过程有助于建言等行为的提升，而建言的增加能够改善团队内的信息交流与整合（Stasser, Titus, 1987），并为团队创造一种合作和支持的氛围（Mumford, Gustafson, 1988）。此外，高权力的团队成员可能感到他们对决策过程有实质性的控制，从而提高他们对团队决策的认同感和承诺（Fiol，1994；Schweige, Sandberg, Rechner, 1989）。因此，当团队权力水平较高时，成员可能更倾向于表达自己的意见，并参与积极的影响过程（如建言），这些都能提高团队的动力和承诺，进而提升团队绩效。

然而，团队中的权力水平也可能带来一些消极后果。高权力的团队成员可能会感到威胁和不信任，尤其是在面对其他权力较高的成员时。研究表明，掌权者往往会通过维护自己的权力和身份来防范威胁（Bruins, Wilke, 1992；Elangovan, Xie, 1999；Maner et al., 2007）。高权力个体可能会感受到来自同伴的威胁，尤其是在其他成员表现出自信或为自己争取更多资源时（如选择任务或控制下属）。这种威胁感可能导致高权力团队成员对自己的地位产生焦虑，甚至出现敌对行为，特别是在将他人的模棱两可行为解释为恶意时（Georgesen, Harris, 2006；Scheepers, Ellemers, 2005）。因此，相比于低权力团队，高权力团队更容易出现不信任和焦虑情绪，这种情绪可能导致团队内的冲突，从而影响团队绩效。

此外，关于团队权力水平的研究表明，权力水平的高低对团队绩效有着双重影响。积极的观点通常出现在共享领导的文献中，其中强调通过提升成员的权力水平，能够增强他们的参与感、责任感和承诺，从而促进团队效率和信息交流（Carson et al., 2007；Klein et al., 2006）。这种模式下，高权力能够促进建言行为和团队绩效。

然而，也有大量研究支持团队权力水平会对团队造成负面影响的观点。例如，在谈判领域，研究表明高权力的谈判者之间通常存在更强的不信任感（Giebels et al., 2000）。类似地，Chattopadhyay 等人（2010）发现，在医院中当多位地位较高的外科医生相互作用时，团队中的冲突增加，团队绩效下降。Greer 等人（2010）也发现，在电信和金融行业的团队中，当团队中有多个高权力成员时，团队的冲突水平较高（尤其是后勤流程方面的冲突），导致团队绩效水平较低。Groysberg 等人（2011）记录了类似的现象，指出虽然适度的明星成员有助于提升团队绩效，但如果团队中有过多明星，反而会导致团队协调困难和绩效下降。

进一步的研究显示，在高权力团队中个体之间的冲突会更多，这种冲突与团队绩效呈负相关（Ronay et al., 2012）。Porath 等人（2008）还发现，高权力的男性更容易对来自其他男性的地位竞争进行报复，进一步表明，在地位较高的个体之间冲突和权力斗争的可能性更大。

尽管已有大量研究揭示了高团队权力的双重影响，但如何在不同情境下理解这些影响的激活机制仍然是未来研究的关键问题。例如，团队权力水平何时能够激发积极的团队互动和协作？何时又会加剧冲突和不信任？研究这些问题将有助于我们更好地理解团队内部的权力动态，并为组织管理提供有价值的指导。

总之，团队权力水平作为一个重要的团队特征，具有显著的影响力。其在提高团队成员参与感、促进积极的影响过程（如建言）方面展现了积极的潜力，但也可能带来冲突、威胁感和不信任等消极后果。因此，未来的研究应着重探索团队权力水平在不同情境下的具体作用机制，深入分析权力的提升何时能够促进团队合作，何时又会导致团队内部的摩擦和绩效下降。

二、团队权力多样性

除了研究团队成员掌握的权力水平和分布差异外，研究人员还开始关注团队成员所拥有的权力类型差异，或称团队权力的多样性。团队中的成员可以通过多种不同渠道或来源获得权力（Halevy et al., 2011；Morgeson et al., 2010）。这些权力来源可以包括合法权威、专业知识、职能背景、性别等个人特征（Berger et al., 1972）。Greer et al.（2011）将团队权力多样性定义为成员之间在获取权力和影响力来源上的差异程度。

当团队权力的多样性较高时，团队成员从不同来源获得不同级别的权力。这种权力多样性有助于减少团队内部的权力斗争和冲突，因为它增加了角色的清晰性，降低了成员之间基于共同权力来源的社会比较和嫉妒产生的可能性。Greer 等人（2011）提出，当成员在不同领域拥有权力（如合法权力与专业知识）时，他们往往无法直接或轻松地比较自己与他人之间的权力差异。由于不同类型的权力本质上不具备可比性，这种情境减少了团队内部因相对权力差异而产生的负面情绪，如嫉妒、竞争或冲突（Bendersky, Hays, 2012；Greer, van Kleef, 2010）。此外，团队成员拥有不同的权力来源，也使得成员能够更加明确自己的角色定位，从而推动合作与协调。因此，团队权力的多样性在理论上有利于团队的良性运作。具体而言，团队权力的多样性能帮助成员更加清晰地理解和认同自己的角色，减少内部的社会比较和权力斗争，促进团队成员间的合作与协调。由于成员的权力基础来源不同，他们更容易接受其他成员的权力，而不会因权力差异产生过多的焦虑或冲突，从而有助于提高团队整体的协调性和工作效率（Lau, Murnighan, 1998）。

然而，当团队成员的权力来源不同时，也可能产生一些潜在问题。这种多样性意味着成员可能会在思想、知识结构和决策方式上存在显著差异，影响团队内部的沟通和信息流通，进而对团队的绩效产生负面影响（Dougherty, 1992）。此外，成员可能会更倾向于认同自己在某一特定权力领域中的地位，而非认同团队整体的目标和任务。在这种情况下，成员可能会基于各自权力来源的不同，形成小团体或子组，这种“分裂”现象可能导致团队内部分歧加剧，出现子组之间的冲突，影响团队的整体协作和绩效。例如，团队中的高权力成员可能会根据他们掌握的不同类型的权力形成意见分歧，从而产生冲突和不协调。这种现象在团队中形成了基于职能背景或其他个人特征的权力分界，最终可能导致团队内部的协调困难和决策效率低下（Lau, Murnighan, 1998）。在极端情况下，过多的权力多样性可能会导致团队成员之间的意见分歧加剧，甚至破坏团队的整体合作氛围。

迄今为止，关于团队权力多样性的实证研究为其正面效应提供了支持。例如，Greer et al.（2011）发现，团队中的权力多样性，即成员在主要权力基础上的差异程度，能够减少权力斗争，进而提升团队绩效。他们的研究表明，团队中的权力多样性可以有效缓解高权力成员之间的冲突，并激发高权力团队成员之间的合作，从而促进团队整体效率的提高。特别是在权力较高的团队中，权力多样性减少了团队权力水平过高带来的负面效应，使团队能够充分发挥其潜力。

类似地，Groysberg 等人（2011）也指出，团队权力的变化会调节权力水平对团队绩效的影响。他们认为，当团队成员的权力来自多个不同领域时，团队内部的专业知识重叠问题可以得到有效解决，从而减少冲突和协调问题，提高团队的整体绩效。换句话说，权力多样性通过明确成员的角色和减少内部冲突，为团队的合作和绩效提供了保障。

综上所述，团队权力多样性对团队绩效的影响是复杂且双向的。一方面，权力多样性能够促进团队成员角色的明确和团队内部的协调，减少由于相对权力差异产生的冲突，有助于提高团队绩效。另一方面，权力的多样性也可能带来思想和决策方式上的差异，影响团队的沟通效率，进而产生协调难度和冲突。如何在团队中有效管理权力多样性，减少其潜在的负面影响，同时最大限度地发挥其正面效应，是团队管理和研究中的一个重要课题。

三、团队权力分布差异

（一）团队权力分布差异概念及基本观点

在团队中，权力的概念与传统的组织权力概念类似，符合普遍意义上的权力定义。当我们将权力的概念拓展到团队时，其定义与组织中的权力定义保持一致。Finkelstein（1992）对高层管理团队（TMT）权力的分类包括：组织权力、所有者权力、声誉权力和专家权力，这一分类为理解团队中的权力结构提供了理论基础。类似地，当权力的定义扩展到其他团队时，一些成员拥有较高的权力，而另一些成员则相对较弱，这种差异通常表现为对资源（如金钱、信息或决策权）的控制（Galinsky, Gruenfeld, Magee, 2003; Magee Galinsky, 2008）。我们可以将团队的权力分布结构定义为由于团队成员对有价值资源占有的差异程度而产生的权力分布差异（Roberson, Sturman, Simons, 2007; Harrison Klein, 2007）。当团队中仅一名成员的权力远超其他成员时，权力分布的不平等达到最大。

然而，现实中团队中的权力分布往往是动态变化且不平等的。尽管学者们对团队权力分布结构进行了诸多研究，但不同研究结论存在明显的分歧。研究表明，个体权力的影响有正向也有负向，同样，团队权力分布结构的影响也存在积极和消极两种观点。

一方面，许多学者认为，团队中存在不平等的权力分布时，团队成员会因为不同的观点和利益而产生冲突。高权力者倾向于保护自己的权力和地位，而低权力者则更倾向于保护自己不受伤害或争取提升自己的权力。因此，高低权力者之间常常发生权力斗争等冲突，这使得团队中的权力分布不平等与团队结果之间形成负相关（Greer, Van Kleef, De Hoogh, De Dreu, 2017; Tarakci, Greer, Groenen, 2015; Bunderen, Greer, Knippenberg, 2018）。此外，权力分布不平等还可能阻碍团队学习、信息共享，甚至减少成员之间的人际帮助，从而损害团队整体利益（Greer, Jong, Schouten, Dannals, 2018）。例如，Haleblian 和 Finkelstein（1993）发现集权式管理往往导致最高层垄断权力，当团队成员将大部分时间用于否定他人意见和决策时，团队运作效率会受到极大损害。

另一方面，团队中权力分布不平等也能带来积极的效果。首先，社会心理学研究表明，团队内的等级结构有助于优化信息流通和成员互动，这有助于满足团队成员对不确定性的需求，进而在潜意识中接受甚至偏好等级差距（Halevy et al., 2011; Zitek, Tiedens, 2012）。其次，团队权力分布不平等能够满足不同成员对权力和成就感的需求，进而为成员提供一种激励结构，提高其工作积极性和角色外行为（Halevy et al., 2011; Gruenfeld, Tiedens, 2010）。第三，权力的不平等分布有助于促进角色定位、分工与合作（Magee, Galinsky, 2008; Woolley et al., 2008）。例如，有学者认为，集权化结构是一种有效的管理模式，能够帮助企业发挥整体资源的整合优势，从而提高资源利用效率（Hoogh, Greer,Hartog, 2015）。最后，团队中权力的分布不平等可以减少冲突，因为低权力者可能基于长期或短期的利益而服从高权力者的安排（Fiske, 2010）。这种现象使得团队可以更高效、更统一地推动工作，解决成员之间的关系问题。

综上所述，团队权力分布结构对团队的绩效产生了重要影响（Anderson, Brion, 2014; Galinsky et al., 2003）。Tjosvold 和 Wisse（2009）认为，为了提高团队绩效，权力拥有者应当间接地使用自己的权力，专注于团队过程的管理而非单纯关注结果。然而，目前关于团队权力分布结构的研究往往忽视了团队动态过程在其中所起的中介作用。Cohen 和 Bailey（1997）认为，团队过程是指在团队成员之间以及团队成员与外部环境之间的互动；Marks 等（2001）则将团队过程定义为团队成员通过认知、语言及行为方式将输入转化为团队结果，这些行动旨在实现团队的整体目标。

总之，团队过程是团队成员为了实现团队目标所进行的语言或行为等相关活动，是将资源和信息等投入转化为团队产出的过程。团队过程对团队绩效有直接影响，是影响团队结果的重要因素。目前，越来越多的学者开始关注团队过程在权力与团队结果之间的中介作用，并在实证分析中取得了丰硕成果。例如，Greer, Caruso 和 Jehn（2008）研究了团队权力分布结构对团队冲突与绩效之间关系的影响。然而，学者们对于团队权力分布结构如何影响团队过程和相应的团队结果仍存在不同认识，未来的研究仍迫切需要进一步探讨这一问题（Magee, Galinsky, 2008）。

（二）团队权力分布差异的影响

有学者认为，团队过程中真正起作用的不是团队的人口统计构成，而是团队权力分布结构及团队成员之间的互动过程（Greve, Mitsuhashi, 2007; Pitcher, Smith, 2001）。团队中的权力分布不平等可能对团队带来建设性贡献。实际上，权力的拥有者通过引导冲突和快速结束冲突，可以促进高质量决策的达成。因此，团队权力分布结构与团队过程的有效结合，常常能激发新的思路，进而提升团队绩效。基于这一逻辑，本研究将重点探讨团队权力分布结构对团队过程的作用。

1. 团队权力分布差异对团队状态的影响

当团队中权力分布不平等时，权力拥有者和低权力个体在情感认知和行为上可能表现出不同的特点。然而，权力的不平等与角色的不同往往是相互依存的，并且可能产生互补效应（Gruenfeld, Tiedens, 2010）。例如，权力拥有者往往关注全局，而低权力个体则更注重细节（Van Vugt, 2006）。在这种情况下，团队中不同的权力层级满足了团队成员的物质需求和心理需求，如团队成员对自尊的不同需求，从而促进了团队认同感和组织承诺的提升（屠兴勇，张琪，王泽英，2017）。

此外，权力分布结构中的等级关系还可以有效地增强低权力个体的服从意识：第一，服从权力拥有者能够避免惩罚并增加获得奖励的机会；第二，与权力拥有者合作能够提升团队绩效，增加团队资源，从而间接提升自身资源；第三，研究表明，低权力个体更愿意与权力拥有者互动；第四，看到权力拥有者获得奖励时，低权力个体会被激励，愿意付出更多努力，以期获得类似的奖励（Ronay et al., 2012）。因此，权力分布不平等有助于提升团队意识。

然而，也有学者认为，在权力不平等的互动中，双方的关系往往不平衡且不稳定，互动过程和结果更多地受到权力拥有者情绪、动机和目标等心理因素的影响（Keltner, Van Kleef, Chen, & Kraus, 2008）。总体而言，团队成员之间的权力差异往往容易增加不公平感，从而破坏团队意识，阻碍决策执行。

进一步来说，团队权力分布的不平等可能增加员工的离职意愿（Anderson, Brown, 2010; Harrison, Klein, 2007），从而对组织和团队目标的实现产生负面影响（Kennedy, Anderson, 2012）。Eisenhardt 和 Bourgeois（1988）通过案例分析发现，CEO 权力的集中化会限制团队内的政治联动和信息流通，从而削弱团队绩效。Haleblian 和 Finkelstein（1993）同样发现，团队权力的不平等与绩效之间存在负向关系，其主要原因在于团队成员对权力拥有者的质疑，导致团队意识的削弱。

2. 团队权力分布差异对团队行为过程的影响

团队冲突是团队过程中常见的现象，且在研究团队权力分布与团队过程的关系时，冲突往往是学者关注的核心要素。冲突可以促使信息更新，促进团队成员的创新，但如果处理不当，也会破坏团队协作，降低绩效。因此，如何管理团队冲突成为权力拥有者的一大挑战，特别是在权力分布不平等时，这一问题表现尤为明显。

关于团队权力分布对冲突的影响，学者们的观点并不一致。有学者认为，在权力分布不平等的环境中，由于权力拥有者掌握着更多的团队资源，低权力个体更倾向于服从，从而减少冲突和摩擦，提升沟通与工作效率（Ronay et al., 2012）。也就是说，在权力不平等的团队中，成员会根据能力和贡献不同获得不同的身份和权力。与此同时，权力的存在可以防止低权力个体挑战现有秩序，从而保证合作的稳定（Fiske, Gilbert, Lindzey, 2010）。低权力个体出于认同和利益的考虑，更倾向于与权力拥有者合作以减少冲突，并增加短期与长期利益（Hogg, 2001）。因此，权力分布的不平等有助于促进团队公平，减少冲突（Anderson, Brown, 2010; Halevy et al., 2011）。

然而，团队权力分布不平等也可能是冲突的根源。在权力不平等的团队中，部分成员掌握着更多资源，容易滋生嫉妒、对抗和冲突（Greer, Van Kleef, 2010）。例如，Chattopadhyay 等人（2010）发现，在手术医护团队中，当权力分布不平等时冲突增多，最终影响团队绩效。

关于团队决策，学者们认为权力分布不平等有助于明确团队成员的分工，促进不同意见的统一，并加强成员间的互动与协作，从而促进有效决策（Magee, Galinsky, 2008; Anderson, Kilduff, 2009; Gruenfeld, Tiedens, 2010）。Ghoshal（2005）则不赞同完全控制权力，他认为，每个成员都有修改战略计划的机会可能会拖延决策速度。类似地，Roberto（2003）发现，具有平等发言权的团队并不如少数决策者的团队更具效率。在纵向研究中，Denis, Lamoth 和 Langley（2001）指出，只有在有统一领导的团队中，才会发生实质性变革。Dewett（2004）进一步支持了这一观点，认为权力分布不平等会导致低权力个体压抑创新性想法。然而，也有研究发现，团队权力分布不平等对决策可能产生负面影响。例如，Greenberg（1993）发现，成员间的权力差异使得战略同盟难以建立，决策难以达成一致。McAlister, Bazerman 和 Fader（1986）通过实验研究发现，权力差距小的团队比权力差距大的团队更容易达成一致意见。

（三）团队权力分布差异的潜在调节者

考虑到权力结构对团队效能的影响存在显著的多样性，一个关键问题是：在什么情况下，权力结构差异较大的团队会获得更好的绩效，或反之，会受到负面影响。组织权变理论提出了许多影响组织结构效果的因素。例如，学者们认为，团队和组织的权力分布差异是否有利于绩效提高取决于多种因素，团队是否在稳定或变化的环境中运作、任务的紧迫性是否对团队成功至关重要、团队任务的复杂性或模糊性，以及任务是否要求创造性或创新性等。

正如一些学者指出的，许多调节因素往往是相互交织的（Lawrence, Lorsch，1967）。例如，运作在快速变化环境中的团队通常面临更加复杂和模糊的任务，而这种任务需要更多的创造力和创新性。因此，权变理论家普遍认为，更陡峭的权力结构在稳定、简单、不模糊、不需要创造力的环境中更有效，而更平坦的权力结构更适合变化复杂、模糊、需要创新的环境（Katz, Kahn，1966；Lawrence, Lorsch，1967）。

然而，这些理论并不能解释所有的实证结果。例如，在一些研究中，权力结构的影响并不仅仅取决于任务或环境，而是与领导者的素质密切相关。另外，有些研究发现，即便是同一行业内从事相似任务的公司，权力结构差异的效果也各不相同（Champeau, Shaw, 2022）。因此，需要一个更加全面的框架来综合以前的实证结果，我们将在后文中描述这样一个框架，它基于经典的权变理论并对其进行了扩展。

根据以往的研究，我们提出了五个可能调节团队权力分布差异影响的因素：①团队任务的类型；②团队选择正确领导者的能力；③权力的拥有是否会以积极或消极的方式影响领导者的心理；④权力分布差异对团队内部协调的影响；⑤权力分布差异对团队成员贡献动机的影响。我们关注这些因素是因为它们可能决定在本章初期所述的三大基本挑战——集体决策、激励团队成员，以及协调团队成员行为——是否能通过权力结构差异得到有效应对。

在讨论这五个调节条件时，我们不仅分析了它们对团队绩效的影响，也探讨了它们如何影响与团队成员态度相关的结果。尽管先前的研究一致表明，较大的权力差异往往会恶化团队成员的态度，但在适当的条件下，较大的权力差异仍然有可能产生积极的态度结果。

1. 任务类型

权力结构的一个关键特征是，部分成员比其他成员拥有更多的决策权和控制力，领导层通常对团队的过程、决策和结果有着不成比例的影响力。例如，Bales 等人（1951）发现，权力较高的成员在小组讨论中发言的频率是低权力成员的 15 倍。Buzaglo 和 Wheelan（1999）也发现，在医疗团队中，较高层级的成员（如医生）主导了 75% 以上的讨论，尽管他们仅占团队的 30%。我们的研究也表明，94% 的团队最终采用的提案来自排名较高的成员，且高层成员提出的方案更有可能被采纳

（Anderson, Kilduff，2009）。

根据功能主义理论，这种权力集中对团队是有利的，因为高层领导通常具备更多能力，可以做出更有效的决策（Eibl-Eibesfeldt, 1989）。然而，决策分层结构是否总是优越的，取决于团队的任务类型。许多学者根据任务的标准化程度、成员产出的组合等维度，将任务分为不同类型（Davis, Laughlin, Komorita, 1976；McGrath, Kelly, Machatka, 1984）。例如，权变理论区分了常规任务、非常规任务与创造性要求较高的任务等（Katz, Kahn, 2015; Lawrence, Lorsch, 1967）。

一般而言，当任务要求专业且精确时，权力差异较大的结构通常更有效。但如果任务需要多样化的观点和思维，则较为平坦的结构更有利（Hill，1982）。研究表明，某些任务能从成员意见的聚合中获益，平坦的结构能提供更多视角，从而优化决策过程。比如，关于集体决策的研究发现，多样化的决策方法能带来更准确的判断。这些研究表明，广泛的成员参与有助于降低判断误差（Larrick，Soll，2006）。总的来说，对于需要多样性和创新的任务，较平坦的权力结构更为有利，能让更多成员参与决策，汇集更多创意和观点；而过于集中的权力结构可能会限制多样性，影响集体决策的效果。

2. 领导人的选择

另一个影响权力结构是否有利于群体效能的因素是领导人选择的过程。功能主义者认为，团队应让有能力并致力于团队目标的人担任领导。然而，许多研究表明，团队往往无法正确选择领导者，导致不称职的人被赋予过多控制权，这可能使群体的决策偏离正轨，增加失败的风险。换言之，即使团队结构要求少数高层成员拥有更多控制权，选择错误的领导者也会使群体面临更大的挑战。因此，当团队能够选择合适的领导者时，权力结构会发挥更大的正面作用；反之，选择失误则可能带来更大的负面影响。

在研究领导选择对权力结构影响的调节作用时，我们重点关注四个关键属性：对团队成功的承诺、无偏见决策的倾向、民主领导风格和技术能力。选择这些属性是因为它们已被证明有助于提升领导效能，而团队在选择领导者时往往会忽视这些标准。值得注意的是，这四个属性并未涵盖领导者所有重要特征，像社会情感技能等其他属性也很重要。我们重点讨论这四个属性，目的是说明团队在选择领导时可能会出现失败，并通过探讨这种失败来解释为何某些较为集中的权力结构可能带来负面影响。

需要说明的是，在讨论领导选择时，我们使用“领导者”而非“高级团队成员”，因为“领导者”这一术语更便于分析，而高级成员通常也担任领导职务（Gruenfeld, Tiedens, 2010），因此这两个术语可以互换使用。

3. 权力心理

早期的功能主义观点认为，赋予员工高级职位能激励他们为团队做出贡献并进行自我牺牲。尽管一些研究支持这一观点，但更多的研究表明，高层职位往往会腐蚀个人，使其决策和行为给群体带来伤害。基于这些研究，我们认为，当高层成员被权力腐蚀时，较陡峭的权力结构可能导致团队表现更差。换句话说，即使团队选择了合适的领导者，但权力地位的负面影响仍可能带来不良后果。

权力的接近抑制理论（Keltner et al., 2003）指出，权力激活与奖励相关的行为系统，使个体更容易接近和追求奖赏（如物质资源和社会尊重）。拥有高权力的人通常能较少受到他人的干扰，从而推动其目标实现。这种增强的接近行为并不直接导致腐败或自私，但确实可能引发这些行为。大量研究显示，高层成员的思维、情感和行为容易受到不利影响，进而对群体产生负面影响。例如，权力会使人们对他人产生偏见，减少对他人观点的采纳（Galinsky et al., 2006）。有权势的人更倾向于以自我为中心，而忽视他人的需求和情感，以致降低了他们的社交技能和同理心。

权力还会导致自私行为或将他人视为达成目标的工具（Keltner et al., 2003）。研究表明，拥有高权力的人更容易将他人视为工具，而不是独立个体，这种客观化行为会破坏团队合作。

此外，研究还发现，拥有权力的人往往更偏向于决策时，表现出更大的自信（Anderson, Galinsky, 2006）。这种偏向性决策可能导致不理智的行为，例如高风险的选择或对新信息的拒绝。权力使得个体的认知更加僵化，缺乏灵活性，而这种刚性思维在快速变化的组织环境中尤为危险。总之，我们认为，权力结构的陡峭程度会受到高层成员因权力地位而产生的心理效应影响。当团队中的高层成员权力过大时，他们的行为可能会变得自私、冒险和缺乏社交敏感性，从而对群体产生不利影响。

4. 团队成员激励

功能主义理论认为，等级制度能激励所有成员为团队做出贡献。具体来说，较高的职位被视为对自我牺牲的奖励，进而激励成员更多地为集体做贡献（Frank, 1985）。研究表明，职位越高，个人越愿意表现得更无私（Willer, 2009），并且高层人员通常对工作更满意、对组织投入更多（Porter, Lawler, 1965）。

然而，也有研究指出，较为陡峭的等级制度可能会降低成员的贡献动机。即使高职位的激励有助于成员为团队付出更多，但较低职位的成员可能会感到自己的贡献较少，进而降低整体团队的贡献动机。例如，较低的职位可能会让成员觉得自己效率低，且失去对工作的积极性（Argyris, 1957）。

一些研究还表明，团队成员的满意度与他们为团队做出贡献的动机相关。那些对薪酬或职位满意的成员更有动力表现（Judge et al., 2001）。然而，等级较为严密的团队成员普遍更不满意，从而影响他们的贡献动机。

此外，Tannenbaum（1962）发现，成员控制权较高的民主工会，成员的参与度较高。Morse 和 Reimer（1956）也发现，当较低级别的员工拥有更多控制权时，他们的自我实现感更强，对工作和管理的满意度也更高。

为什么低职位可能会降低个人动机？有三点原因：第一，低职位成员可能觉得自己的贡献较少，进而失去动机（Argyris, 1957）；第二，低职位成员可能认为高职位的领导应承担更多责任，因此降低了自己的贡献愿望（Anderson, Brown, 2010）；第三，低职位成员可能感到不公平，认为自己的付出和回报不成正比，进而降低了贡献动机（Adams, 1965）。

研究还表明，低级别成员常常认为他们应该拥有更多控制权，因此对自己在团队中的位置感到不满（Smith, Tannenbaum, 1963）。但在某些情况下，更陡峭的等级结构也可能激励低职位成员，特别是当他们感到有更多控制权时（Tannenbaum, Williams, 1968）。

此外，程序公正也有助于缓解更陡峭等级制度对动机的负面影响（Barnard，1964；De Cremer, Tyler, den Ouden, 2005）。当决策过程公平时，员工的合作意愿更强，整体动机会得到提升（Blader, Tyler, 2009）。因此，程序公正能在一定程度上减轻等级制度对动机的负面影响。

5. 群体内部协调

功能主义理论认为，较陡峭的权力结构可以通过增强成员间的沟通与合作，促进团队的有效协作。实证研究表明，当群体成员在权力上达成一致时，群体冲突较少，表现更好。然而，也有研究指出，过于陡峭的权力结构可能会破坏沟通与协调，减少信任，增加竞争，进而阻碍合作。因此，权力结构的影响取决于其是否促进或阻碍协调。

第一，沟通。Bavelas 等人（1988）的研究表明，更陡峭的权力结构可能会使沟通集中于某个成员，帮助提高效率。然而，这种结构通常会带来更多的官僚程序，信息传递过程变得冗长且容易扭曲。例如，当经理向副总裁传递信息时，信息需要经过多个层级，可能浪费时间并引发沟通误差。此外，低层级成员可能因恐惧或不信任而避免向上汇报信息。根据“权力途径抑制理论”，低层级员工通常会感受到更多的社会与物质威胁，从而抑制他们的行为。研究表明，低层级成员更不愿意表达自己的观点，特别是在面对上级时，往往倾向于保持沉默。

然而，权力结构对沟通的影响还与团队任务的复杂性及心理安全感密切相关。在较为简单的任务中，集中的权力结构可能有利于沟通，而在处理更复杂任务时，陡峭的权力结构可能带来更大的负面影响。心理安全感同样起着重要作用，如果低层级成员认为自己可以自由表达意见且不必担心报复，那么沟通障碍将会得到减轻。

第二，合作。尽管部分学者认可权力结构的优势，然而大多数研究表明，较高的权力差异通常会减少成员间的合作并激化竞争。高权力成员通常获得更多的物质和社会奖励，而低权力成员则容易被忽视，承担更多责任，感到焦虑和羞耻。因此，较大的权力差异往往会加剧竞争，抑制合作。研究显示，较高的竞争性可能导致成员间互不合作，甚至为了个人利益而损害团队的整体表现。

谈判研究也发现高权力与低权力之间的差异会导致更多的竞争并减少合作。当各方的权力不平等时，他们更难达成“双赢”的协议，往往更多关注利益分配而非合作的可能性。这种竞争的增加可能对群体产生负面影响，尤其是在需要高度协调的任务中。Lawrence 和 Lorsch（1967）的研究表明，当团队需要协同工作时，较为平坦的权力结构有助于团队表现，而在个体工作较多的情境下，较为陡峭的权力结构可能有利于提升效率。

第四节　团队权力测量研究

随着学者们对权力领域的深入探索，权力的测量方法也得到了不断发展。通常，测量权力的方法可以分为实验法和问卷法两大类。

一、实验法

实验法将权力视为一种心理认知变量，权力的定量研究始于近二十年。Galinsky 等学者（2003）提出的权力激活范式，丰富了权力研究的方法。学者们通过实验等方法对权力这一领域进行了更深入的探索，尤其是从心理学角度对权力感知的研究。基于权力感知的定义，学者们尝试通过概念启动、意象启动或情境线索启动等方式，激发个体的权力感知（云祥，李小平，2012）。因此，许多实证研究都采用了权力感知的启动或激活实验方法。实验法特别适用于一些传统测量方法难以衡量的结果变量（如腐败），因此成为了研究权力的重要方法（Antonakis, Bendahan, Jacquart & Lalive, 2010）。具体而言，实验法可以分为四种主要类型。

第一类：结构性操控。通过控制资源来操作权力。在实验操作中，这类方法使用较为广泛。尽管权力作为一个概念本身并没有固定边界，但学者们已提出将权力与资源控制联系起来的量化衡量方法。根据个体对资源的控制程度来判断其权力大小（Anderson, Brion, 2014）。因此，实验中常通过结构性操控来分配权力，常见的操作包括通过团队构架和角色操控来启动权力感。例如，雇主与雇员、领导与下属、招聘者与应聘者，或者通过通牒游戏、独裁者游戏中的发起者与响应者角色进行启动。Garber 等人（1976）首次采用了角色扮演实验法，其中作为经理角色参与的参与者中只有部分经理拥有奖励并感受到了权力。

第二类：通过场景回忆或角色想象进行操控。通过让参与者回忆与权力相关的事件，或接触与权力相关的词汇，来激活他们的权力感。

第三类：语义或视觉激活权力感。例如，使用字谜游戏、照片等方式激活参与者的权力感。

第四类：通过改变身体姿态或非语言行为激活权力感。例如，通过姿势变化等非语言行为来激活个体的权力感。

二、问卷法

问卷法通过权力感量表或支配个性量表来测量个体的权力感。这种方法可以测量作为一种特质或状态的权力。当权力作为一种特质进行测量时，通常指的是个体在一般情况下所拥有的固有权力（Fehr, Herz, &

Wilkening, 2013）。例如，研究表明男性比女性更倾向于拥有更多的权力（Eagly, Karau, 2002）。当权力作为一种状态时，测量需要考虑权力的时效性及其变动。

相较于实验法，问卷法在某些方面具有明显的优势。首先，实验中某些随机操作可能导致错误的实验结果，影响学者的研究结论。例如，Flynn 等人（2011）提出，学者们在实验中必须区分结果变量是由“权力感知”还是“实际拥有的权力”所引发的。尽管“权力感知”的研究在心理学中占主流地位，Galinsky 等学者（2003）假设个体都曾拥有过某种权力，并且其潜在的权力感可以被激发，但如果实验参与者未被赋予真正的权力，可能仍然会得出与预期相悖的结论。其次，问卷法能够让参与者保持在原始状态，避免附加环境对其行为的干扰，这一优势在许多情境下比实验法更加有益。

第五节　团队权力研究的理论基础

从结构变量转向心理变量极大地提升了权力概念的操作性，有助于实证研究的展开，并促进了权力理论的发展。在社会心理学领域，三大最具代表性和广泛影响的权力理论分别是“趋近 - 抑制理论”“情境聚焦理论”和“社会距离理论”。此外，权力依赖理论和等级制度理论则进一步揭示了团队中权力分布结构的作用机制。这些理论深化了我们对权力的理解，并推动了权力理论的进一步发展。

一、趋近 - 抑制理论

Keltner 等人（2003）将权力效应与行为的趋近和抑制系统相结合，提出了“趋近 - 抑制理论”。该理论认为，高权力个体会激活“行为趋近系统”（Behavior Approach System, BAS），而低权力个体则会激活“行为抑制系统”（Behavior Inhibition System, BIS）。不同系统的激活在情感、认知和行为方面产生显著差异（韦庆旺，俞国良，2009）。在情感和认知方面，该理论认为获得权力感知能增强个体的积极情绪体验和情感表达，有助于目标的实现（Morrison, See, Pan, 2015）。此外，趋近－抑制理论指出，高权力者通常通过自动化社会认知（Automatic Social Cognition）来构建社会环境，而低权力者则倾向于采用控制性社会认知（Controlled Social Cognition）。自动化社会认知是一种快速且轻松的认知方式，常通过认知启发式和简单规则做出判断（Bargh, Chartrand, 1999），如高权力者往往以刻板印象的方式看待低权力者。在行为层面，权力感知的获得会自动激活与奖惩相关的趋近－回避行为系统。权力提升会增强与趋近行为相关的表现，使个体的行为更少受到外界限制，更符合自身特质；相反，权力减少则会增加回避行为，使个体的行为受更多外部限制。因此，趋近－抑制理论扩展了权力控制模型，提供了一个更加全面的框架，解释了权力对情感、认知和行为的多方面影响。

二、情境聚焦理论

“情境聚焦理论”由认知情境化视角（Situated Perspective of Cognition）与权力效应相结合（Guinote, 2007a）。该理论探讨了权力对个体认知方式及行为的影响，试图解释为什么高权力个体在行为和判断上更具灵活性。根据情境聚焦理论，权力促使个体在信息处理时更加灵活，并且对环境变化更为敏感。权力还增加了个体在信息加工中的选择性，使高权力个体能够更有效地根据情境需求调整自己的认知和行为方式，从而提高执行控制能力（Guinote, 2007b）。相比之下，低权力个体需要更细致地处理信息，但他们的认知灵活性较低，难以区分与情境相关或无关的信息，难以提高对情境变化的敏感性和预测能力。同时，权力较高的个体能够根据情境的要求灵活调整自己的认知和行为方式，因此，他们通常表现出更高的适应性和情境协调能力。

三、社会距离理论

Magee 和 Smith（2013）结合解释水平理论与权力效应，提出了“社会距离理论”。该理论包含两个主要原理：①权力拥有者对低权力个体的依赖较少，这种不对称的依赖关系使得权力拥有者能够感知到更大的社会距离，从而导致不同权力水平的个体表现不同；②由于权力拥有者可以感知到更大的社会距离，其心理表征往往更加抽象，解释水平更高。原理①解释了权力如何影响个体之间的社会距离。高权力者因掌握更多资源，较少依赖低权力个体，因此他们对低权力个体的依赖度较低，且认为他人接近自己是有目的的（Fiske, 1993）。相反，低权力个体则依赖于权力拥有者的资源，他们对建立关系的期望值较低，从而所产生的社会距离也较小。

四、权力依赖理论

权力依赖理论解释了权力在社会关系中的作用。该理论认为，在某些社会关系网络中，一个个体可能拥有大量权力，但在另一个网络中可能不具备权力。因此，权力依赖理论更加关注关系的特征，而非个体的特质。在上下级关系中，权力依赖理论认为，上级的权力来源于下级对其依赖的程度，而下级的权力则来源于上级对其依赖的程度（Emerson, 1962）。Emerson（1962）提出，权力依赖理论的核心观点是，个体的权力来源于对方的依赖，即权力等价于依赖。社会关系中的依赖是相互的，因而管理者的权力等同于下属对他的依赖，而下属的权力则等同于管理者对他的依赖。依赖会带来两方面的影响：首先，依赖程度决定了个体在实现目标过程中能否克服对方的阻碍；其次，依赖程度与可选路径数成反比。

五、等级制度理论

等级制度理论可分为功能主义理论和冲突理论两部分。功能主义理论认为，团队中的权力不平等能够促进团队过程的有效性，并提升团队绩效（Loignon, Woehr, 2018；Gruenfeld, Tiedens, 2010）。例如，尽管个体层面上的权力差异可能带来不同的效果（如高权力促进乐观和创造性，而低权力促进风险规避），但在团队层面，权力的不平等反而可能起到互补作用。Halevy 等（2011）发现，团队中的权力不平等能够导致成员间的思维和行为互补。例如，权力较高的团队成员会更宏观地思考问题，带领团队朝着目标前进；低权力成员则专注于细节并服从权力更高的成员，从而提高团队整体效能。然而，等级制度冲突理论认为，团队内的权力不平等会引发更多的冲突和竞争，从而损害团队绩效。具体来说，权力不平等会导致低权力成员因担心权力者的负面评价而选择避免提供意见或共享信息，进而削弱团队的沟通效率和凝聚力（Schmid, Jonas, Hall, 2009）。

第三章　团队权力正向效应：基于团队认知协调视角

第一节　基于团队认知协调视角的研究背景

随着工作团队的兴起，提升团队绩效已成为组织研究关注的核心议题之一。尽管已有大量基于团队结构属性的研究积累，但对于权力分布差异这一团队结构属性如何影响团队绩效的探讨仍然不足。现有的元分析结果几乎都未能支持权力功能主义理论，而是压倒性地支持权力冲突理论，表明权力分布差异对团队绩效的作用主要是负面的（Greer, de Jong, Schouten, Dannals, 2018）。然而，这并不意味着权力分布差异无法对团队起到积极作用，而是现有研究中如沟通、协调等路径在解释其正向影响方面的能力有限。未来的研究应当批判性地重新审视权力功能主义的理论框架，深入探讨权力分布差异可能带来的积极影响。这种视角的转变将有助于揭示权力分布差异的潜在正向效应，为组织在设计权力等级和优化权力分配方面提供更加精确和有效的策略，从而更好地促进团队绩效的提升。

传统研究通常将权力分布差异视为影响团队绩效的直接因素。然而，越来越多的研究表明，权力分布差异可能通过影响团队成员的认知、沟通方式、信息共享、信任建立与角色认同等因素，间接影响团队绩效（Greer, Jong, Schouten, 2020；Luo, Tong, 2024）。具体而言，权力分布差异会影响团队成员对任务、目标和角色的认知，从而影响其协作方式和信息流动，进而影响团队绩效。权力分布差异被认为可以通过促进认知差异和多样化视角，正向影响团队认知结构（Magee，Galinsky, 2008; Bunderson, Reagans, 2011）。具体来说，高权力人员由于掌握更多的资源，通常具有更全面、更自信的认知模式，关注战略层面和决策的宏观角度；而低权力人员的认知则更多集中于依赖和执行，缺乏对全局的掌控和独立的决策能力。这种认知差异的互补性不仅有助于确立团队角色、稳定团队基础，还能促进团队成员之间的互动与沟通，进而激发更多的信息共享和知识交流，从而帮助团队形成更为丰富的共同认知结构。这会促使团队成员从多个角度理解任务、目标和角色，增进沟通和协作，进而在相互理解的基础上形成共享的认知框架，这一过程被称为共享心智模型的建立（Roy, Denzau, 2020）。共享心智模型能够帮助团队成员在任务执行、目标设定和角色分配上形成一致的理解与预期，从而提升团队协作效果，减少潜在冲突，最终提高团队绩效（Mathieu, Heffner, Goodwin, Salas, Cannon-Bowers, 2000；罗仕文，2021）。因此，本研究将从团队认知的角度，提出共享心智模型作为权力分布差异对团队绩效影响的中介变量，旨在揭示权力分布差异对团队绩效的积极影响。

权力分布差异对共享心智模型的影响是一个复杂的动态过程，受到多种因素的影响。权力地位决定了信息流向、决策权重和任务分配方式，从而塑造了团队成员的认知结构和互动模式（Gardezi et al., 2009; 秦伟平,陈欣,李晋 & 周路路，2017）。一方面，权力分布差异可能引发认知差异和潜在的冲突；另一方面，它也能通过激发认知多样性和视角丰富性而促进一致认知水平的提升。然而，这一过程并非自动完成，而是需要团队内信息共享和知识传递机制的支持。在这一背景下，交互记忆系统作为关键的调节变量发挥着重要作用。交互记忆系统指的是团队成员之间通过有效的信息共享与协作，形成的集体记忆和知识结构（Bachrach et al., 2019）。这种系统提升了信息流动的效率，增强了团队成员的信任与协作，为共享心智模型的构建提供了支持。特别是在权力分布差异显著的情况下，交互记忆系统可以通过增强低权力成员对高权力成员决策的理解与接受度，帮助形成一致的认知框架；也能确保团队成员间的信息共享更加顺畅，从而减少因权力差异导致的误解和冲突；还可以有效校准团队成员之间的认知误差，强化团队认知统一。此外，交互记忆系统的作用不仅仅限于弥合权力差异引发的认知裂痕，还能提升共享心智模型对团队绩效的直接正向影响。它通过快速提供与任务、目标和角色相关的关键信息，减少认知偏差，帮助团队成员在协作中达成更高效的一致认知框架（Brandon, Hollingshead, 2004），进而增强团队内部协作，促进团队绩效提升。由此可见，交互记忆系统不仅能增强权力分布差异通过共享心智模型路径对团队绩效的正向影响，还能增强共享心智模型对团队绩效的正向直接效应。

第二节　团队认知协调视角下团队权力正向效应的研究框架

一、共享心智模型的中介作用

共享心智模型是指团队成员对与团队任务、团队目标、角色分配和工作过程等相关的关键要素形成的一种共同认知和理解（Cannon-Bowers, Salas, Converse, 1993）。它在权力分布差异与团队绩效关系中扮演着重要中介角色。权力分布差异可以通过多样化视角整合、信息共享强化、角色分工明确和任务共识提升四个关键机制促进团队共享心智模型的生成。

首先，多样化视角整合机制：权力分布差异下团队成员承担不同角色，高权力成员提供全局视角和战略指导，而低权力成员专注具体执行与操作细节。这种视角多样性有助于全面识别任务需求与潜在问题，从而推动共享心智模型的形成（Hollenbeck et al., 2002）。

其次，信息共享强化机制：权力分布差异能激发团队内的双向沟通。一方面，高权力成员的决策需求促使信息从下而上流动；另一方面，他们的指令性沟通有助于信息从上而下传递。这种多层次的信息流动增强了团队成员的共识，为共享心智模型提供了内容支持（Marks, Sabella, Burke, & Zaccaro, 2002）。

再者，角色分工明确机制：权力差异自然形成的层级结构，有助于成员清晰地理解各自的任务边界与协作方式。这种清晰性减少了认知冲突，为共享心智模型的快速形成奠定了基础（Cannon-Bowers et al., 1993）。

另外，任务共识提升机制：高权力成员通过战略指导明确任务目标，低权力成员则通过具体建议细化任务执行。这种层级交互将团队目标分解并内化为共享心智模型的一部分，从而提升团队协作效能

（Mohammed, Ferzandi, Hamilton, 2010）。共享心智模型下，团队成员明确各自角色分工和任务目标，能有效减少角色冲突，增强成员间的信任与协作意愿（Mathieu et al., 2000；许科，韩雨卿，于晓宇 & 王炜，2016）。同时，它可以帮助团队成员形成一致的任务理解和目标预期，从而减少沟通成本，提升协作效率（Marks et al., 2002；朱学红，邹佳纹，伍如昕，2016）。此外，共享心智模型能减少团队内部的认知差异，降低内部冲突，增强团队凝聚力（Mohammed, Dumville, 2001；熊斌，葛玉辉 & 陈思婷，2015），最终提高团队绩效。

基于上述分析，本研究提出假设 H_1：共享心智模型在权力分布差异与团队绩效关系中起中介作用，即权力分布差异通过共享心智模型正向影响团队绩效。

二、交互记忆系统对权力分布差异与共享心智模型关系的调节效应

权力分布差异在团队中通常表现为成员在资源控制、决策权威和影响力上的不平等（谢江佩，蒋旻天，王永跃，2020）。这种差异既可通过促进多样化视角整合和任务共识的形成来推动共享心智模型的构建，也可能因角色冲突和沟通不畅而阻碍其发展。一方面，高权力成员通常具备全局视角和战略规划能力；另一方面，低权力成员则专注于具体执行和细节优化（Tarakci, Greer, Groenen, 2016）。这种角色分化为共享心智模型的构建提供了基础，但要实现其正向作用则需要依赖高效的知识协作机制进行整合。

交互记忆系统作为团队成员之间通过分工协作形成的集体记忆系统，可以帮助成员清晰了解彼此的专业领域、知识分布及存储路径（肖余春，罗仕文，吴伟炯 & 张雅维，2019），从而发挥知识协作机制的关键作用。首先，基于优化知识分布与共享功能，交互记忆系统使团队成员明确各自的知识优势和责任分工，减少因权力差异引发的信息屏蔽效应。研究表明，当团队成员了解彼此在任务中的核心角色时，高权力成员更能够

有效分享战略性信息，低权力成员则通过反馈完善执行方案，从而共同构建更为完整的共享心智模型（殷向洲，方慧，张逸石，寇佳婷 & 冉雅璇，2020）。其次，基于沟通与协作功能的增强，交互记忆系统为团队提供了一种非正式的沟通框架（周鑫雪，郭林林，王天梅，2024；Yan, Hollingshead, Alexander, Cruz, & Shaikh, 2021），促进了信息在不同权力层级之间的流动。一方面，高权力成员通过交互记忆系统来识别低权力成员的知识优势，从而增强双向沟通的频率和质量；另一方面，交互记忆系统缓解了因权力不平等带来的交流障碍，从而提升了团队的一致性和协调性。此外，交互记忆系统具有平衡权力冲突与角色认同的功能。在高权力分布差异的团队中，低权力成员可能感到自身贡献被低估，从而降低团队凝聚力。而交互记忆系统通过明确成员对集体目标的独特贡献，提升了成员的角色认同感和自我价值感（Rong, Xie, 2021；周鑫雪，等，2024）。研究发现，交互记忆系统能减少因权力不平等导致的关系冲突和认知冲突，使团队更易达成一致的目标预期（Ren, Argote, 2011）。

基于上述分析，交互记忆系统通过优化知识分布、提升沟通效率和平衡权力关系，有效调节了权力分布差异对共享心智模型的影响。

因此，本研究提出假设 H_2：交互记忆系统正向调节权力分布差异对共享心智模型的影响，即交互记忆系统水平越高，权力分布差异对共享心智模型的正向影响越强。

三、交互记忆系统对共享心智模型与团队绩效关系的调节效应

虽然共享心智模型在提升团队绩效方面具有显著优势，但其效用可能会受到特定条件的限制。例如，当团队成员对知识分布或任务分工缺乏清晰认知时，共享心智模型的作用可能被减弱。在此情境下，交互记忆系统作为一种关键的团队认知资源，通过多种机制增强了共享心智模型对团队绩效的正向影响。首先，交互记忆系统通过促进信息共享，使团队成员明确“谁知道什么”，从而能够快速调用相关性最强的知识资源

（Zhou, Pazos, 2020；严亚兰，廖梦晗，查先进，2019）。这一过程不仅扩展了共享心智模型的知识基础，也进一步强化了团队的决策能力和执行效率。其次，交互记忆系统通过缓解角色冲突，使团队成员对彼此的专长和任务责任有了清晰认知，从而减少了因角色模糊或任务分工不明而引发的冲突（O' Toole et al., 2023；王燕夷，彭灿，2012）。这种透明化的任务分配过程进一步增强了共享心智模型对团队绩效的正向效应。此外，交互记忆系统通过提高协作灵活性，为团队提供了动态调节知识分布的能力（Wang, Huang, Davison, & Yang, 2018）。当任务需求变化时，交互记忆系统能够快速调整资源分配，支持团队在共享心智模型的框架下实现高效协作（张学艳，周小虎，张慧，2020；Nawata, Yamaguchi, Aoshima, 2020）。更重要的是，在共享心智模型尚未完全成熟或团队经验不足的情况下，交互记忆系统可以通过其知识存储和共享功能弥补这一不足。例如，在新组建的团队中，交互记忆系统可以通过快速知识传递加速共享心智模型的形成，从而在团队发展的早期阶段显著提升团队绩效。

基于上述分析，本研究提出假设 H_3：交互记忆系统正向调节共享心智模型对团队绩效的影响，即交互记忆系统水平越高，共享心智模型对团队绩效的正向影响就越强。

根据交互记忆系统对权力分布差异与共享心智模型间关系的正向调节作用，以及对共享心智模型与团队绩效间关系的正向调节作用，本研究认为权力分布差异通过共享心智模型路径正向影响团队绩效的机制受到交互记忆系统的正向调节。具体而言，高水平交互记忆系统下，权力分布差异与共享心智模型之间的正向关系以及共享心智模型与团队绩效之间的正向关系均得到增强，从而显著提升了团队绩效。

基于上述分析，本研究提出整合性假设 H_4：交互记忆系统调节了共享心智模型在权力分布差异与团队绩效间的中介作用，即交互记忆系统水平越高，权力分布差异通过共享心智模型对团队绩效的正向影响就越强。

综上得出本研究的理论模型，具体见图 3-1。

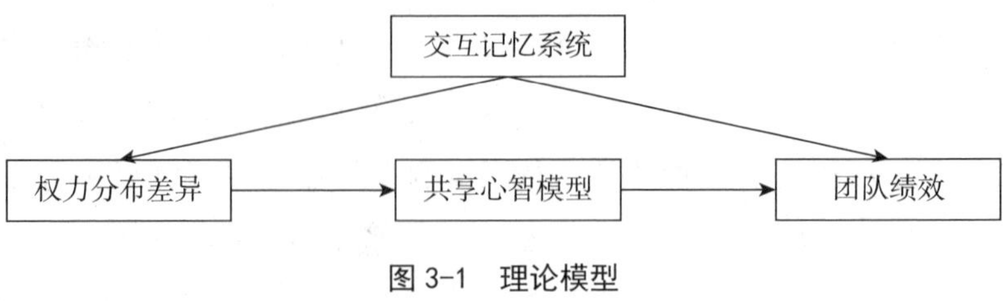

图 3-1　理论模型

第三节　团队认知协调视角下团队权力正向效应的研究设计

一、研究对象

本研究的数据来源于问卷调查，采用现场发放与回收的方式。调查对象为浙江、广东、江西三省的 21 家企业，共 78 个团队，涵盖智能制造、电子信息、医药化工、文化创意等行业的产品开发、生产管理、人力资源管理与市场营销等相关部门。为尽量减少共同方法偏差对研究结果的影响，问卷数据分两个阶段收集，时间间隔为两个月。第一阶段，共向 78 个团队发放问卷 612 份，主要测量团队的权力分布差异、共享心智模型、交互记忆系统及人口统计学信息。在剔除因填写规律化和数据缺失而导致的无效问卷后，最终获得 551 份有效问卷，覆盖 69 个团队，有效回收率为 90.03%。第二阶段，两个月后，将第一阶段回收的 551 份问卷重新发放给原团队成员，重点测量团队绩效指标。按照相同规则剔除无效问卷后，最终获得 483 份有效问卷，涵盖 61 个团队，有效回收率为 87.66%。对最终回收的有效数据进行统计分析后发现样本的基本特征如下：男性 293 人占比 60.66%，女性 190 人占比 39.34%；专科及以下学历 202 人占比 41.82%，本科生 186 人占比 38.51%，研究生 95 人占比

19.67%；团队平均规模为 7.92 人，其中人数超过 10 人的团队 16 个占比 26.23%，5-10 人的团队 32 个占比 52.46%，3-5 人的团队 13 个占比 21.31%；平均工作年限 3 年及以上团队 29 个占比 47.54%，平均工作年限 1-3 年团队 21 个占比 34.42%，平均工作年限 1 年以下团队 11 个占比 18.04%；61 个团队所属企业类型情况为，国有企业 18 个占 29.51%，外资和合资企业 12 个占 19.67%，民营企业 31 个占 50.82%。

二、变量测量

问卷均采用 Likert-5 点计量，其中 1 表示完全不符合，2 表示比较不符合，3 表示不确定，4 表示比较符合，5 表示完全符合。

（一）权力分布差异

本研究采用朱玥等（2019）研究中使用的轮转法问卷设计，对团队中的权力分布差异进行测量。具体而言，团队中的每位成员将对其他成员在团队中的权力水平进行评估。评估题项为“我认为该同事在团队中的权力程度如何（例如，他 / 她是否在资源分配上具有不对称的控制权，或是否能有效地影响他人执行其意图）”。评估采用 Likert-5 量表。随后，计算每位成员所在团队内其他成员对其评估得分的平均值，以确定其在团队中的权力水平。获得各成员权力水平后，再通过计算离散系数来反映团队内的权力分布差异。离散系数越大，通常表明团队权力分布差异程度越高。

（二）共享心智模型

本研究基于王黎萤和陈劲（2010）、Klimoski 和 Mohammed (1994)、Mathieu 等（2000）关于共享心智模型的理论研究与量表编制思路，从任务式共享心智模型和协作式共享心智模型两个维度构建了团队共享心智模型量表，并通过试测数据对量表进行了修订和完善。其一，任务式共享心智模型主要用于评估团队在目标共享、统一规范、领导信任等方面的知识和态度共享情况。具体包括 7 个题项，如“我们清楚获取外协单位信息或资源支持意义和作用”“我们认为获取组织内外资源对团队创造活动很重要”等。其二，协作式共享心智模型主要用于评估团队在过程协同、角色认知、成员信任等方面的知识和态度共享情况。具体包括 9 个题项，如“我们彼此了解对方具有的与任务有关的专长”“我相信团队成员掌握的有关项目的知识是可以信赖的”等。通过试测数据分析，验证了量表的信效度。最终结果显示，共享心智模型的 Cronbach's α 系数达到 0.90，表明该量表具有较高的内部一致性信度，能够有效测量团队共享心智模型的相关特征。

（三）交互记忆系统

本研究采用张志学等（2006）对 Lewis（2003）所开发量表的翻译与改进方案，构建了交互记忆系统的测量工具。该量表围绕专长、可信和协调三个维度设计，共包含 15 个题项。其一，专长维度主要评估团队成员对任务相关领域知识的分布和独特性。示例题项包括“我们团队中的每名成员都具有与任务有关的某方面的知识”“我们团队能够清楚地识别出每个成员的专业领域”等。其二，可信维度主要考察团队成员之间对彼此能力与建议的信任程度。示例题项包括“我能够舒服地接受其他团队成员的建议”“我们团队中的成员相互信赖彼此的判断和决策能力”等。其三，协调维度主要衡量团队成员在任务执行过程中的协调与合作效率。示例题项包括“我们团队在分配任务时能够做到清晰明确”“我们团队经常需要回头对已经做过的工作重新再做一次（反向记分）”等。该量表具有良好的内部一致性信度，整体 Cronbach's α 系数为 0.87。

（四）团队绩效

本研究采用 Van Der Vegt 和 Bunderson（2005）开发的团队绩效量表，

结合研究背景进行了适当调整，用于全面测量团队在任务执行过程中的绩效表现。该量表包含5个题项，主要围绕效率、质量、整体成就、生产力和任务完成率5个方面进行测量，具体描述如下：效率主要评估团队在资源和时间利用上的高效性，题项为“团队能够在限定的时间内高效完成任务”；质量主要衡量团队完成任务时的成果质量，题项为“团队所完成的工作符合高标准的质量要求”；整体成就主要关注团队在完成项目目标或总体任务时的表现，题项为“团队在实现既定目标方面表现优异”；生产力主要反映团队在单位时间或资源内的产出水平，题项为“团队的工作产出达到或超过预期”；任务完成率主要评价团队按时、保质保量完成任务的能力，题项为“团队能够按照计划完成所有任务”。该量表整体Cronbach’s α 系数为0.83。

第四节　团队认知协调视角下团队权力正向效应的研究结果

一、数据聚合

由于共享心智模型、交互记忆系统和团队绩效的测量均来源于个体层面，为了得到团队层面的数据，必须将这些变量的数据聚合到团队层面。常见的聚合指标包括Rwg（Within-group Agreement）、ICC(1)（Intraclass Correlation Coefficient 1）和ICC(2)（Intraclass Correlation Coefficient 2），这三者用于判断数据是否符合聚合条件。Rwg是小组内部的一致性度量，要求该值大于临界值0.70。Rwg的值越高，说明团队成员对该变量的评价越一致，适合进行聚合。ICC(1)代表组内一致性度量，要求该值应小于临界值0.5，该指标反映了组内数据的方差。ICC(2)则是组间一致性度量，要求其值应大于临界值0.50，该指标反映了组间数据的差异性。根据表 3-1 所示，本研究采用统计软件 R 计算了各变量的 Rwg、ICC(1) 和 ICC(2) 值，结果表明这些值均满足相应的聚合条件，可以进行数据聚合。此外，为了检验样本数据是否存在严重的共同方法偏差问题，本研究采用了 Harman 单因素检验。检验结果显示，第一公因子的方差解释比例为 29.26%，小于临界值 40%，这表明本研究中的共同方法偏差问题不显著，数据结果的有效性未受到严重影响。

表 3-1　数据聚合检验结果

变量	Rwg	ICC(1)	ICC(2)
共享心智模型	0.805	0.254	0.632
交互记忆系统	0.783	0.291	0.715
团队绩效	0.842	0.310	0.738

二、测量模型检验

测量模型的评估主要通过信度、收敛效度和区别效度来进行。如表 3-2 所示，所有一阶变量的测量题项的因子载荷均在 0.72 至 0.91 之间，均高于临界值 0.70，这表明各个测量项与其对应的潜变量之间具有较强的相关性。进一步地，一阶变量的组合信度（CR）值在 0.78 至 0.89 之间，均高于临界值 0.70，说明数据具有良好的内部一致性。收敛效度通过平均变异抽取量（AVE）来测量。根据表 3-2，所有变量的 AVE 值均大于临界值 0.5，表明各个测量项能够有效地解释潜变量的变异，具备较好的收敛效度。区别效度的检验采用了 HTMT（Heterotrait-Monotrait Ratio）方法。根据该方法，异质异法相关（即不同潜变量之间的相关性）应小于单质异法相关（即同一潜变量内测量项之间的相关性）。HTMT 值小于 1 时，表示模型具有较好的区别效度。具体而言，当 HTMT 值小于临界值 0.9 时，可以认为变量之间存在足够的区别效度。表 3-3 显示，所有变量之间的 HTMT 值均小于 0.9，这表明模型具有较好的区别效度。

表 3-2　测量模型评估

构念	一阶变量	项目	负载	Cronbach's α
共享心智模型	AVE = 0.67, CR = 0.78	我们清楚团队目标和项目整体目标的关系	0.72	0.90
		我们清楚获取外协单位信息或资源支持意义和作用	0.83	
		我们对项目的重要事物（如关键技术）具有共识	0.81	
		我们对项目运作的规范具有共识	0.76	
		我们对设备使用规程等具有共识	0.82	
		我们认为获取组织内外资源对团队创造活动很重要	0.91	
		我们认为领导和同事支持对团队创造活动非常重要	0.85	
		我们彼此了解对方具有的与任务有关的专长	0.78	
		我们彼此了解对方的个性与行事风格	0.84	
		我们彼此了解对方承担的任务角色	0.83	
		我们对于该做什么很少产生误解	0.75	
		我们具有的专门知识都是完成任务所需要的	0.81	
		我们自由地分享彼此的想法，感受和希望	0.82	
		我们掌握的有关项目知识是可以信赖的	0.84	
		我们知道不同的方法和渠道来协同我们的工作	0.86	
		我们彼此相信在讨论中提出的信息是可靠的	0.79	

续 表

构念	一阶变量	项目	负载	Cronbach's α
交互记忆系统	AVE = 0.58, CR = 0.83	我们团队中的每名成员都具有与任务有关的某方面的知识	0.82	0.87
		我具有其他团队成员不了解的与项目有关的知识	0.73	
		我们每位团队成员各自负责不同方面的专长	0.79	
		我们团队中不同的成员所具有的专门知识都是完成任务所需要的	0.82	
		我了解团队成员各自在具体方面的专长	0.82	
		我能够舒服地接受其他团队成员的建议	0.85	
		我相信团队中其他成员掌握的有关我们项目的知识是可以信赖的	0.76	
		我相信团队中其他成员在讨论中提出的信息是可靠的	0.81	
		当其他团队成员提供了信息，我总想自己再检查一遍（反向记分）	0.77	
		我不太相信其他团队成员的专长（反向记分）	0.76	
		一起工作时我们团队协调得很好	0.84	
		我们团队对于该做什么很少产生误解	0.83	
		我们团队经常需要回头对已经做过的工作重新再做一次（反向记分）	0.80	
		我们顺利而且有效率地完成任务	0.78	
		我们对于如何完成任务体会到很多混乱（反向记分）	0.85	

续　表

构念	一阶变量	项目	负载	Cronbach's α
团队绩效	AVE = 0.72, CR = 0.89	团队能够在限定的时间内高效完成任务	0.82	0.83
		团队所完成的工作符合高标准的质量要求	0.84	
		团队在实现既定目标方面表现优异	0.77	
		团队的工作产出达到或超过预期	0.82	
		团队能够按照计划完成所有任务	0.83	

表 3-3　区别效度检验

变量	PD	SMM	TMS	TP
PD	—			
SMM	0.527	—		
TMS	0.673	0.654	—	
TP	0.702	0.592	0.438	—

注：PD= 权力分布差异；SMM= 共享心智模型；TMS= 交互记忆系统；TP= 团队绩效

另外，本研究通过验证性因子分析（CFA）方法对理论模型进行了检验，以评估模型的拟合度。验证性因子分析结果（见表 3-4）表明，四因子模型的拟合度较好，具体指标为：$\chi^2/df = 1.16$，RMSEA = 0.06，NNFI = 0.87，CFI = 0.89，IFI = 0.87。此外，其他三种替代模型的拟合度较差，且与四因子模型的拟合度差异显著。上述结果表明，四因子模型具有较好的区分效度，有效地反映了各变量之间的独立性。

表 3-4　验证性因子分析结果

模型	χ^2/df	R MSEA	NNFI	CFI	IFI
PD;SMM;TMS;TP	1.16	0.06	0.87	0.89	0.87
PD;SMM;TMS+TP	1.69	0.25	0.72	0.74	0.74
PD;SMM+TMS+TP	2.82	0.40	0.63	0.63	0.61
PD+SMM+TMS+TC	4.32	0.53	0.48	0.49	0.48

注：PD= 权力分布差异；SMM= 共享心智模型；TMS= 交互记忆系统；TP= 团队绩效

三、描述性统计

表 3-5 给出了本研究中包括控制变量在内的 8 个变量（团队规模、性别多样性、团队工作年限、企业性质、权力分布差异、共享心智模型、交互记忆系统、团队绩效）的均值、标准差和相关系数。根据表 3-5 中的相关分析结果，可以发现，权力分布差异与共享心智模型之间存在显著的正相关关系（$r = 0.131$，$P < 0.05$），共享心智模型与团队绩效之间也呈显著正相关（$r = 0.225$，$P < 0.01$）。这些结果表明，共享心智模型在促进团队绩效中起到了重要的作用，并且权力分布差异对共享心智模型有一定的推动作用。

表 3-5　描述性统计

变量	M	SD	TZ	GD	TS	EC	PD	SMM	TMS	TP
TZ	7.921	2.917	1.000							
GD	0.307	0.075	0.032	1.000						
TS	2.646	1.080	−0.036	0.040	1.000					
EC	2.213	0.878	−0.084	−0.019	−0.070	1.000				
PD	0.323	0.065	0.048	0.089	−0.059	0.026	1.000			
SMM	3.040	0.359	0.007	0.057	−0.079	−0.064	0.131*	1.000		
TMS	3.682	0.407	−0.010	−0.045	−0.040	0.028	0.134*	0.217**	1.000	
TP	4.150	0.566	0.036	0.012	−0.097	−0.066	0.048	0.225**	0.284**	1.000

注：*$P < 0.05$；*$P < 0.01$；TZ= 团队规模；GD= 性别多样性；TS= 团队工作年期；EC= 企业性质；PD= 权力分布差异；SMM= 共享心智模型；TMS= 交互记忆系统；TP= 团队绩效

四、假设检验

（一）共享心智模型的中介作用

首先，由表 3-6 的 M_1 模型可以判断出本研究中权力分布差异对团队绩效具有显著正向影响（$\beta = 0.162$，$P < 0.05$）。其次，根据表 3-6 的 M_5 模型可以知道权力分布差异对共享心智模型具有显著正向影响（$\beta =$

0.140，$P < 0.05$）。再者，根据表 3-6 的 M_2 模型可以知道共享心智模型对团队绩效作用显著（$\beta = 0.266$，$P < 0.01$），且权力分布差异对关系冲突作用依然显著（$\beta = 0.163$，$P < 0.05$）。由此可见共享心智模型在权力分布差异与团队绩效关系中起部分中介作用。具体而言，权力分布差异通过影响团队成员的共享心智模型，进而对团队绩效产生正向影响。因此，H_1 得到了验证。

表 3-6　中介效应和调节效应分析结果

变量	TP				SMM		
	M_1	M_2	M_3	M_4	M_5	M_6	M_7
TZ	−0.002	−0.003	0.082	0.080	0.032	−0.024	−0.026
GD	0.012	−0.012	0.020	0.020	0.062	0.054	0.055
TS	−0.011	−0.010	−0.079	−0.084	−0.100	−0.016	−0.015
EC	−0.080	−0.087	−0.067	−0.071	−0.049	−0.055	−0.054
PD	0.162*	0.163*			0.140*	0.197**	0.136*
SMM		0.266**	0.169*	0.196**			
TMS			0.320**	0.267**		0.214**	0.338**
PD*TMS							0.285**
SMM*TMS				0.325**			
R^2	0.456	0.457	0.544	0.545	0.434	0.476	0.476
$\triangle R^2$	0.437	0.438	0.526	0.528	0.421	0.461	0.462

注：$^{*}P < 0.05$；$^{**}P < 0.01$

（二）交互记忆系统的调节作用

首先，在 M_5 模型的基础上加入交互记忆系统作为调节变量进行线性回归，得到 M_6 模型。随后，在 M_6 模型的基础上，进一步加入交互项（权力分布差异 × 交互记忆系统），并进行线性回归，得到 M_7 模型。根据表 3-6 中的 M_7 模型结果，交互项对共享心智模型的影响显著（$\beta = 0.285$，$P < 0.01$），表明交互记忆系统在权力分布差异与共享心智模型之间的

关系中起到正向调节作用。具体而言，交互记忆系统的水平越高，权力分布差异对共享心智模型的正向影响越强；反之，当交互记忆系统的水平较低时，权力分布差异对共享心智模型的正向影响则会减弱。这一结果验证了 H_2，表明交互记忆系统的存在能够增强权力分布差异在团队成员共享心智模型形成中的作用。图 3-2 展示了这一调节效应的具体表现，可以清楚地看到交互记忆系统水平对权力分布差异与共享心智模型之间关系的调节作用。

为了进一步探讨交互记忆系统在共享心智模型与团队绩效之间的作用，首先，在 M_3 模型中将团队绩效作为因变量，同时对共享心智模型和交互记忆系统进行线性回归。随后，在 M_3 模型的基础上加入交互项（共享心智模型 × 交互记忆系统），得到 M_4 模型。根据表 3-6 中的 M_4 结果，交互项对团队绩效的影响显著（$\beta = 0.325$，$P < 0.01$），这表明交互记忆系统在共享心智模型与团队绩效之间的关系中起到正向调节作用。具体来说，当交互记忆系统水平较高时，共享心智模型对团队绩效的正向影响增强；反之，当交互记忆系统水平较低时，共享心智模型对团队绩效的正向影响则减弱。这一发现验证了 H_3，表明交互记忆系统的作用能够在一定程度上加强共享心智模型在提升团队绩效方面的效果。图 3-3 展示了这一调节效应的具体结果，进一步直观地呈现了交互记忆系统如何调节共享心智模型与团队绩效之间的关系。

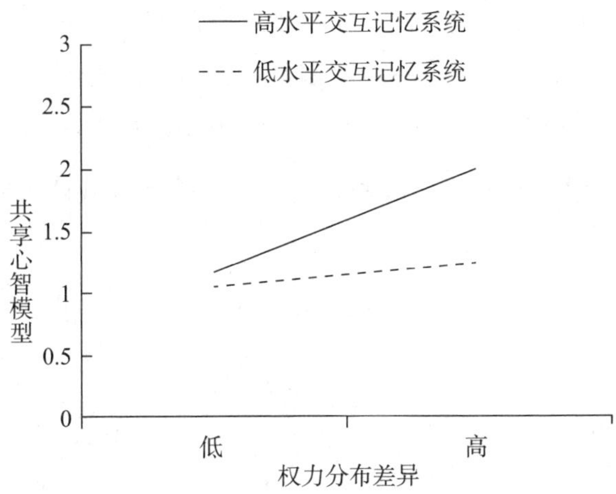

图 3-2 交互记忆系统对权力分布差异与共享心智模型关系的调节

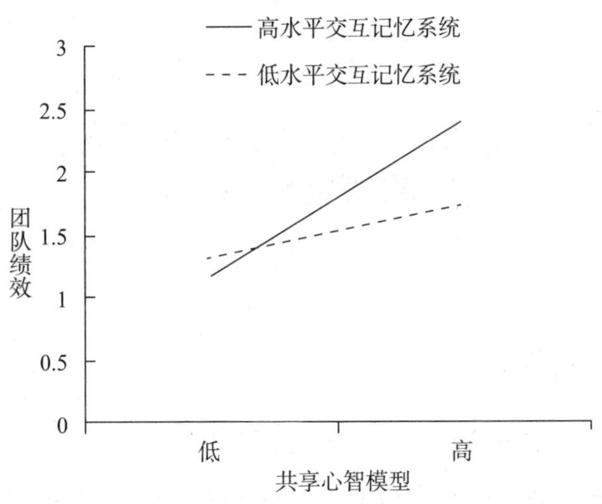

图 3-3 交互记忆系统对共享心智模型与团队绩效关系的调节

（三）被调节的中介效应检验

为检验交互记忆系统在共享心智模型与团队绩效之间的中介作用是否受到调节，本研究分别采用了拔靴法（Bootstrapping）和蒙特卡洛法（Monte Carlo Simulation）进行检验。首先，使用 5000 次拔靴法进行检验。结果显示，在 95% 的置信区间内，调节的中介效应值为［0.008，

0.028]，该区间不包含 0，表明交互记忆系统显著调节了共享心智模型的中介效应（见表 3-7）。进一步，使用蒙特卡洛法对结果进行再次检验。分析结果显示，交互记忆系统对共享心智模型的调节作用在 95% 的置信区间内为［0.010，0.047］，同样不包含 0，进一步验证了该中介效应的显著性。因此，H_4 得到了验证。

表 3-7　共享心智模型被调节的中介效应分析结果

	估计值	标准误	95% 置信区间
高水平交互记忆系统	0.038	0.009	［0.006，0.021］
低水平交互记忆系统	0.053	0.012	［0.012，0.032］
被调节的中介	0.031	0.007	［0.008，0.028］

第五节　团队认知协调视角下团队权力正向效应的研究结论与启示

一、研究结论

本研究通过实证分析，探讨了权力分布差异通过共享心智模型的中介作用对团队绩效产生正向效应，并进一步考察了交互记忆系统在这一过程中所起到的调节作用。研究结论可以归纳为以下三点。

（一）权力分布差异通过共享心智模型路径对团队绩效产生正向影响

本研究发现，权力分布差异显著影响团队成员之间的共享心智模型，从而影响团队绩效。具体而言，权力分布差异较大的团队，成员之间由于不同的认知和角色认同，往往会形成更多样化的思维和观点。这种认知差异通过共享心智模型得以整合，进而促进团队成员在决策、协作和创新方面的互动与合作。共享心智模型作为团队内部信息共享和认知协调的基础，能够帮助团队成员更好地理解彼此的观点、工作方式和角色职责，从而提高团队的整体绩效。因此，本研究验证了权力分布差异对团队绩效的正向影响，这一影响通过共享心智模型起到了显著的中介作用。

（二）交互记忆系统通过双重调节，有效调节了共享心智模型的中介效应

一方面，交互记忆系统在权力分布差异与共享心智模型之间发挥了调节作用。交互记忆系统在团队中的作用至关重要，它影响着团队成员对信息的记忆、共享和组织方式。在权力分布差异较大的团队中，交互记忆系统能够增强团队成员之间的信息交流与共享，尤其是在复杂任务和决策情境中，交互记忆系统能有效降低信息处理中的认知障碍，从而促进共享心智模型的形成。具体而言，交互记忆系统能够帮助团队成员更高效地整理和记忆关键任务信息，并在权力差异的背景下促进更为平衡的知识流动。这一作用尤为重要，因为它有助于减少由于权力差异引发的认知偏差和信息壁垒，使得团队在面对复杂任务时能够更好地协调与合作。因此，交互记忆系统在这一过程中不仅促进了信息的共享和整合，还进一步优化了共享心智模型在团队中的作用，为团队的整体表现提供了有力支持。

另一方面，交互记忆系统调节了共享心智模型对团队绩效的影响。本研究还发现，交互记忆系统在共享心智模型与团队绩效之间也发挥了调节作用。共享心智模型是团队成员在信息共享和角色分工中形成的一种共识，它直接影响团队的沟通效率、协调能力及任务执行效果。然而，团队成员对共享心智模型的认同和运用能力受到多个因素的影响，其中交互记忆系统扮演着重要的调节角色。当交互记忆系统活跃时，团队成

员能够通过有效的互动与信息流动形成更加一致和精确的共享心智模型，这不仅提升了团队成员之间的协作效率，还改善了决策质量和问题解决能力。换句话说，交互记忆系统通过增强团队成员的记忆、信息处理和交流能力，调节了共享心智模型对团队绩效的正向影响。尤其是在信息复杂、任务不确定性较高的情境下，交互记忆系统的存在显著提升了团队的适应能力和创新能力，从而进一步推动了团队绩效的提高。因此，交互记忆系统的有效调节作用在提升共享心智模型对团队绩效的影响中起到了至关重要的作用。

二、理论贡献

（一）揭示了权力分布差异对团队绩效正向影响的中介机制

本研究从团队认知的视角出发，首次系统性地探讨了权力分布差异通过共享心智模型这一中介变量对团队绩效的影响。尽管以往研究表明，权力差异对团队成员的合作和绩效有潜在影响，但大多数研究侧重于权力分布对个体行为或团队决策的直接影响，而忽视了认知层面的机制。本研究填补了这一空白，提出权力分布差异可以通过影响团队成员的共享心智模型，进而间接影响团队绩效。共享心智模型是指团队成员在任务目标、任务分工、工作流程等方面的共同认知，它在团队协作中起着至关重要的作用。通过深入分析，本研究揭示了权力分布差异如何影响团队成员之间的信息共享、任务协调和认知一致性。具体而言，当团队内部存在较大的权力差异时，团队成员之间可能会形成更加多样化的观点和思路，这种认知差异能够促进团队在任务执行中的灵活性和创新性。然而，权力差异也可能导致沟通不畅和信息的不对称，本研究表明，权力分布差异通过共享心智模型的中介作用能够有效地缓解这种影响，促进团队成员在认知上的一致性，从而提高团队的整体绩效。这一发现不仅丰富了权力分布差异对团队绩效的理论探讨，也为实践中的团队管理提供了新的视角。

（二）丰富了权力分布差异对团队绩效正向影响的调节变量研究

本研究的另一项重要理论贡献在于明确了交互记忆系统在权力分布差异与团队绩效之间的调节作用，进一步拓展了权力分布差异对团队绩效影响的调节变量研究。交互记忆系统指的是团队成员互动、共享和存储信息的机制，它不仅是团队沟通和信息流动的核心工具，也是提升团队认知一致性、促进协作和提高整体绩效的关键因素。现有研究通常侧重于探讨个体记忆、信息流动或团队内部沟通的作用，但很少系统性地研究交互记忆系统如何调节权力分布差异对团队认知及绩效的影响。本研究填补了这一空白，提出交互记忆系统在缓解权力分布差异带来的认知偏差和信息不对称方面发挥了重要作用。具体而言，交互记忆系统通过提升团队成员之间的互动和信息共享，减轻了由于权力差异导致的认知冲突，从而促进了共享心智模型的形成，进而提高了团队的整体绩效。此外，本研究还发现，交互记忆系统在团队中的作用不仅仅是信息的存储与传递，它在任务执行过程中还充当了认知支持和互动促进的角色。在权力分布差异较大的团队中，交互记忆系统能够有效提升团队成员在任务目标、角色分工和工作流程等方面的共识，减少由于认知差异和信息不对称所引发的潜在冲突。通过促进认知协调和任务协作，交互记忆系统不仅优化了共享心智模型的效果，还在推动团队绩效提升中起到了至关重要的作用。本研究的这一贡献为交互记忆系统的研究提供了新的理论框架，并拓展了其在团队管理中的应用价值。

三、实践启示

（一）优化权力分布，提高团队成员之间的认知协调

本研究表明，权力分布差异对团队绩效产生显著正向影响，且这一效应是通过共享心智模型的中介作用实现的。对于管理者而言，权力的

分配不仅要考虑组织层级和职位职责的设置，还应关注权力分布对团队成员认知协调的潜在影响。过于集中或过于分散的权力可能会导致团队成员之间的沟通障碍、信息共享困难和认知偏差，从而影响团队的协作效率。因此，实践中应根据团队的任务特性和成员的能力差异，合理配置权力。在多样化的团队中，适度的权力差异可以促使不同观点和想法的碰撞，形成更具创造性和多元化的思维。然而，这种权力差异也需要通过有效的共享心智模型来加以调节。管理者可以通过加强团队成员的培训和沟通，促进团队成员对任务目标、角色责任以及工作流程的共同理解，从而提升共享心智模型的质量，进而提升团队整体的绩效。

（二）强化交互记忆系统建设，提升信息共享和团队协作

交互记忆系统在本研究中发挥了重要的调节作用，尤其是在权力分布差异较大的团队中，能够有效促进团队成员之间的信息流动和共享。这一发现对于实践中提升团队认知和协作具有重要的启示。交互记忆系统不仅是信息存储和检索的工具，还影响着团队成员如何在任务中相互支持和合作。企业和团队管理者可以通过系统化的知识管理平台、信息技术工具和定期的知识分享活动来加强团队的交互记忆系统。例如，利用内部社交网络、在线协作工具和知识库，帮助团队成员在任务过程中快速获取和共享关键信息。同时，团队领导者应鼓励开放的沟通文化和跨部门合作，促使团队成员不仅依赖个人记忆，还能通过团队协作实现信息的集体记忆。这样的做法不仅能减少认知负担，还能帮助团队成员更好地应对复杂任务，提升决策和执行的效率。此外，管理者还应注重培养团队成员在信息共享中的主动性和责任感。通过培养团队成员的信任和互相支持，交互记忆系统的有效性将进一步增强，进而促进团队成员之间的协调合作，提升整体团队绩效。

（三）倡导共享心智模型的构建与更新，提升团队适应性和创新性

共享心智模型是团队认知协调和高效协作的核心因素。研究表明，交互记忆系统调节了共享心智模型在权力分布差异与团队绩效关系中的作用。这一发现意味着，在团队管理中，构建和更新共享心智模型是提升团队绩效的关键。管理者应重视共享心智模型的建设，尤其是在面对任务复杂性较高或团队成员背景差异较大的情况下，确保团队成员对工作目标、任务分工、工作流程和团队价值观等方面达成共识。具体来说，团队领导者可以通过定期的团队讨论、工作坊和头脑风暴等方式，促使团队成员在实际工作中共享彼此的知识和经验。这不仅有助于团队成员在任务执行过程中形成共同的认知框架，还能提升团队成员之间的理解与信任，减少由于信息不对称和角色误解带来的潜在冲突。此外，随着团队成员知识和经验的不断积累，管理者还应推动共享心智模型的动态更新。面对不断变化的市场环境和任务要求，团队需要灵活调整和优化其认知框架，以保持高效的协作和创新能力。管理者可以通过鼓励团队成员进行反思总结、分享成功经验和教训，促进共享心智模型的自我调整和优化。这样，团队能够更好地适应环境变化，提升应对挑战和创新的能力。

五、研究不足与展望

（一）研究样本的局限性与跨行业的普适性

本研究虽然提供了关于权力分布差异、共享心智模型、交互记忆系统与团队绩效之间关系的重要见解，但其样本主要集中在特定行业或组织类型中，可能无法完全代表不同领域或组织形式下的普遍情况。例如，不同行业的团队结构、任务复杂性以及成员间的互动模式可能会影响这些变量之间的关系。因此，未来的研究可以考虑扩展样本范围，包含更

多行业和组织类型，尤其是跨文化或跨国组织的团队，以考察不同情境下这些理论模型的适用性和普遍性。此外，也可以探讨不同行业和组织对共享心智模型和交互记忆系统建设的不同需求，以便为实践中的团队管理提供更加个性化的建议。

（二）研究模型的系统性不足

本研究主要从团队认知的角度探讨了权力分布差异对团队绩效的正向影响，重点分析了共享心智模型作为中介机制变量、交互记忆系统作为调节变量的作用机制。然而，权力分布差异对团队绩效的正向影响路径不应仅限于共享心智模型，调节变量的作用也不应仅局限于交互记忆系统。例如，在路径解释方面，团队认同感可以作为一个重要的中介变量。已有研究表明，适度的权力分布差异能够增强团队成员的认同感，从而提高团队绩效（Van Bunderen, Greer, Van Knippenberg, 2018）。因此，在未来的研究中，可以进一步探讨团队认同感在权力分布差异与团队绩效之间的作用机制。此外，权力分布差异的影响还应考虑团队所处的组织文化背景。不同的组织文化类型（如集体主义文化、权力距离文化等）可能会影响权力分布差异对团队绩效的具体作用方式。例如，在权力距离较大的文化中，较大的权力分布差异可能会被视为组织的常态，反而比平等主义文化更能增强团队成员的认同感和协作效率。因此，结合组织文化对权力分布差异的影响进行更为系统的分析，可以为研究提供更丰富的解释框架，以便更全面地理解权力分布差异在团队中的复杂作用。

（三）时间效应与因果关系的验证不足

虽然本研究探讨了权力分布差异、共享心智模型和交互记忆系统对团队绩效的影响，但由于采用了横截面数据，无法完全验证这些关系的因果性。特别是对于团队绩效的提升和共享心智模型的变化是源于权力分布差异和交互记忆系统的作用，还是由于其他潜在因素的影响，仍须进一步验证。因此，未来的研究可以通过纵向研究或实验设计来检验这些变量之间的因果关系，揭示权力分布差异和交互记忆系统如何在长期演化中影响团队的认知结构和绩效。此外，还可以考虑加入更复杂的情境因素，如团队成员的个性特征、团队氛围等，进一步分析这些因素对团队绩效的影响机制。

第四章　团队权力正向效应：角色清晰度路径视角

第一节　基于角色清晰度路径视角的研究背景

权力分布差异是指组织中不同成员之间权力资源分配的不均衡程度，通常表现为权力的集中或分散程度（谢江佩，蒋旻天，王永跃 ,2020; Greer, Jong, Schouten et al., 2018）。这一群体结构属性特征不仅是组织管理中的常见现象，也是影响组织、团队以及个人行为与绩效的重要因素。现有分析结果表明，权力分布差异的总体效应倾向于负向，而正向效应的观点尚未得到有效支持（Greer et al., 2018），甚至认为权力功能主义下的正向效应观点更能支持权力冲突理论下的负向效应（Greer, Van

Bunderen, Yu, 2017）。这种学术偏向导致现有研究大多聚焦于权力冲突理论视角，更多关注权力分布差异的消极影响，如权力分布差异如何引发权力斗争和冲突（Greer, Chu, 2020; Ling, Luo, 2024），而较少从权力功能主义视角探讨其可能的积极影响。然而，现实观察却显示了不同的图景。在中国企业管理实践中，权力分布差异的正向效应似乎更加突出。例如，2023 年中国专利授权数量达 164 万件，连续位居全球第一，充分彰显了中国企业在技术创新领域的强劲实力。依据资源依赖理论、动态能力理论及交易成本理论，这种创新表现与企业内部的权力配置密切相关：权力的集中提高了资源配置效率，降低了内耗和冲突，并促进了高效协作。这表明，权力分布差异并不必然带来消极影响，而是现有研究中有限的过程变量在解释其积极影响方面能力有限（Greer et al., 2018）。因此，未来的研究应重新审视权力功能主义的理论框架，以批判性和创新性的视角探索权力分布差异的正向作用机制，为组织管理实践提供更为全面的理论指导。

目前，支持权力功能主义观点的研究仅限于沟通、协调、认同感和承诺等路径（季浩，谢小云，肖永平，等，2019；Bunderson, Boumgarden, 2010; Luo, Tong, 2024），远不能有效揭示权力分布差异的正向效应。特别是在探讨权力分布差异对个体层面积极行为的影响时，路径机制的研究更为薄弱，存在显著的理论空白。这种研究缺失不仅使得权力分布差异的积极影响被低估，也限制了组织通过权力配置优化来提升员工创新的实践可能性。进一步分析发现，在高创新要求的环境中，员工通常需要快速决策和高效执行，而角色清晰度在这一过程中能够发挥重要作用。角色清晰度是指员工对自身职责、目标及行为规范的明确认知（周倩，刘伟国，魏薇，莫申江 & 施俊琦，2016；Chen et al., 2022）。清晰的角色定位能够减少任务模糊和内耗，提升员工专注于核心任务的能力，从而显著提高创新效率和产出。而权力分布差异，尤其是适度的权力集中，通过明确权责分工，有助于提升员工的角色清晰度，减少因权责模糊导致的冲突和资源浪费。由此可见，这一关键路径可能是权力分布差异发挥正向效应的重要机制。系统探讨这一路径不仅可以填补现有理论的空白，还能为组织管理实践提供新的理论依据，帮助企业在优化权力配置的同时，充分激发员工的创新潜能，实现组织目标的最大化。

在当前快速发展的数字化时代，数字化技术正以前所未有的速度渗透到组织管理和员工行为的各个层面。数字化赋能作为一种以数字化技术为基础的管理优化手段，不仅改变了信息传递和资源配置的方式，也重新塑造了组织内部的权力结构与行为模式（Mustafa et al., 2022; Brinker, Haasis, 2022）。研究表明，权力分布差异作为组织中一种常见的权力配置形式，能够对个人行为产生显著影响（Lam, Xu, 2019）。然而，在数字化背景下，其影响机制可能呈现出新的动态性和复杂性。数字化技术的引入显著提升了信息共享与沟通效率（Li, Fast-Berglund, Dean & Ruud, 2017），强化了员工对自身角色的理解与定位，优化了权责分工的明确性，从而进一步提升了员工的角色清晰度。特别是在权力集中的组织中，数字化工具可有效缓解因权责模糊引发的资源浪费和内部冲突，优化权力集中的效能。例如，通过数据共享平台或协同工作系统，领导者可以更加精准地分配任务，员工也能更清楚地理解自身职责与期望，从而专注于高效完成创新任务。此外，数字化技术通过协作平台和信息管理工具（如企业资源规划系统和即时通讯工具）增强信息的透明性（Yu, Cao, Tang, Yan & Wang, 2024），使员工在执行任务中能够更清晰地了解自身角色、职责和目标，减少因信息不对称导致的角色模糊感，从而直接促进角色清晰度。角色清晰度的提升，能帮助员工聚焦任务，集中精力进行探索性和开发性创新（Wang, Wang, Xu, 2022[a]）。也就是说，数字化技术不仅可以通过调节权力分布差异对角色清晰度的影响路径，从而间接提升员工的创新绩效，还能作为一种驱动力，直接作用于角色清晰度，进一步促进员工创新能力的发挥。因此，将数字化赋能纳入权力分布差异的研究框架中，能够更加全面地揭示其对员工创新绩效的作用机制。

第二节 角色清晰度路径视角下团队权力正向效应的跨层研究框架

一、角色清晰度的中介作用

角色清晰度（Rolc clarity）是组织行为学和心理学中的重要概念，通常被定义为个体对其在群体中职责、任务、期望以及行为边界的清晰理解（Chen et al., 2022）。这一概念反映了员工对自身工作内容、角色定位及与其他成员协作方式的认知程度（Kauppila, 2014）。研究表明，角色清晰度通过多种心理与行为机制，为员工创造有利于创新的工作环境，从而提升创新绩效。首先，角色清晰度能够减少不确定性与心理压力，激发创新潜力。角色模糊往往导致员工对工作职责和期望产生困惑，进而感到不安和焦虑，这会分散其专注力并抑制其创造性思维。而角色清晰度则通过明确工作内容和责任边界，显著降低了不确定性和心理压力，使员工能够专注于创造性活动与创新实践（Wang, Wang, Xu, 2022[b]）。其次，角色清晰度能增强员工的自主性和创新决策能力。当员工清楚了解了自身在团队中的角色及职责边界时，他们在职责范围内会具有更高的自主性（Bray, Brawley, 2002）。这种自主性不仅鼓励员工进行创造性尝试和决策，还降低了因越权或失败而产生的顾虑与风险厌恶情绪。此外，角色清晰度还可以增强员工自我效能感，激发创新行为。清晰的角色定位和行为期望可以帮助员工提升对自身能力的认知，即增强自我效能感（Nandal, Krishnan, 2000）。高效能感的员工更可能认为自己有能力克服创新过程中的困难，从而激发创新行为（Mumtaz, Parahoo, 2020）。

在群体中，权力分布差异可以通过以下机制促进角色清晰度的提高。首先，权力分布差异通过明确权责分配提升角色清晰度。权力差异较大的团队通常具有清晰的等级结构，高权力成员负责战略决策、资源分配和团队管理，低权力成员则专注于具体任务执行（Greer, Van Bunderen, Yu, 2017; 朱玥，谢江佩，金杨华 & 施俊琦，2019）。这种分工减少了职责模糊性，使每个成员的角色边界更加清晰。其次，权力分布差异通过提升沟通效率促进角色清晰度。权力差异有助于形成单一的决策中心，高权力成员在沟通中发挥主导作用，决策路径更加集中（Tarakci, Greer, Groenen, 2016; 谢江佩，2018）。这种机制减少了信息冗余和冲突，使员工能够更高效地获取与其角色相关的信息。另外，权力分布差异通过规范化制度和流程增强角色清晰度。在权力分布差异显著的组织中，通常能够建立更为明确的制度和流程（Yu, Greer, Halevy & Van Bunderen, 2019）。规范化的流程为员工提供了清晰的操作指引和目标方向，进一步明确了其职责边界。由此可见，权力分布差异通过角色分工明确化，能够显著增强角色清晰度，并进一步提高员工创新绩效。因此，可以假设 H_1：角色清晰度在权力分布差异与员工创新绩效之间起到中介作用。

二、数字化赋能的调节作用

数字化赋能（Digital empowerment）是指通过利用数字技术（如大数据、云计算、物联网、人工智能、区块链等）提升个人、组织或社会的能力，以改善效率、优化资源配置、促进创新并实现可持续发展的一种策略（Jiang, Zhao, Zhai, 2023；顾乐琼，牛丽娟，2024）。其核心在于借助数字技术的优势，突破传统模式的瓶颈，激发新的发展动能（何小钢，钟湘菲，2023）。在权力分布差异与角色清晰度关系中，数字化赋能能够通过以下机制发挥正向调节作用。其一，基于对信息流通的优化，减少权力带来的信息障碍。权力分布差异可能导致信息在组织内的不对称，高权力成员拥有更多资源和决策权，而低权力成员的角色信息可能较为模糊。数字化赋能通过数字化平台（如数据共享平台）提高信息的透明度和可获取性（李文，刘思慧，梅蕾，2022；Parks, Srinivasan, Aragon, 2022），使低权力成员能够更加清晰地了解自身职责和定位。其二，基于标准化工作流程强化角色职责明确性的功能。在权力差异显著的群体中，角色清晰度可能依赖于规则和流程的规范性。数字化赋能通过流程自动化系统（如 ERP）明确了工作标准和操作步骤，这样不仅减少了人为主观解释的偏差，还降低了职责混淆的可能性，使各角色的职责边界更加透明（Vasilev et al., 2020）。其三，基于增强数据支持提升权力分布差异合理性的功能。数字化赋能可以通过数据分析和绩效评估工具（如 BI 工具）帮助高权力成员更科学地分配任务和资源，确保分配的合理性和透明性，从而减少因角色不清导致的权责混淆（Li, Liu, Liu & Wang, 2023）。其四，数字化赋能还能为低权力成员提供自主学习的平台（如知识共享平台）（Cijan, Jenič, Lamovšek & Stemberger, 2019）。通过数字化平台，低权力成员可以随时获取所需信息、资源和支持，而无需频繁依赖高权力成员的指示，这样能够激发低权力成员主动理解其职责范围并高效完成任务。综上，数字化赋能通过优化信息流通、标准化工作流程、增强数据支持和自主学习平台的多维作用，显著调节了权力分布差异对角色清晰度的正向影响。

因此，可以假设 H_2：数字化赋能正向调节权力分布差异与角色清晰度之间的关系，即在数字化赋能程度较高的情况下，权力分布差异对角色清晰度的正向影响更显著。

基于数字化赋能对权力分布差异与角色清晰度关系的正向调节作用，以及角色清晰度对员工创新绩效的正向影响，本研究提出：数字化赋能作为调节变量，可以增强权力分布差异对角色清晰度的促进效果，从而间接提升员工的创新绩效。基于此，本研究提出整合性假设 H_3：数字化赋能调节了角色清晰度在权力分布差异与员工创新绩效间的中介作用，即随着数字化赋能水平的提高，权力分布差异通过角色清晰度对员工创新绩效的正向影响更为显著。

三、数字化赋能、角色清晰度与员工创新绩效

数字化赋能不仅能够调节权力分布差异与角色清晰度之间的关系，从而最终提升员工创新绩效，还能作为一项关键驱动力，通过影响角色清晰度直接促进员工创新绩效的提升，具体表现在三个方面。首先，基于对角色认知精准性的提升，减少角色的模糊。数字化赋能通过知识管理系统、数据共享平台等工具，优化信息流通，确保员工可以随时获取清晰、准确的职责信息（Vuori, Helander, Okkonen, 2019）。高水平的角色清晰度减少了角色模糊带来的不确定性和心理压力，使员工能够集中精力完成创新任务，提升创新效率。其次，基于决策支持的提供增强自主创新能力。数字化赋能通过数据分析和智能化决策支持工具，为员工提供清晰的行动建议和科学依据（Peng et al., 2023）。这种支持提高了员工在其职责范围内的自主性，使其能够大胆尝试创新决策，而不必担心失误带来的负面后果，从而激发创新潜力。再次，基于对员工心理安全感的增强激励其进行创造性探索。角色清晰度有助于提升员工的心理安全感，而数字化赋能则进一步巩固了这一机制（Christensen et al., 2020）。通过透明的信息流动和明确的责任分配，员工可以在无后顾之忧的环境下进行创造性尝试，促使创新行为的发生。因此，可以假设 H_4：数字化赋能正向影响角色清晰度，进而提升员工创新绩效。

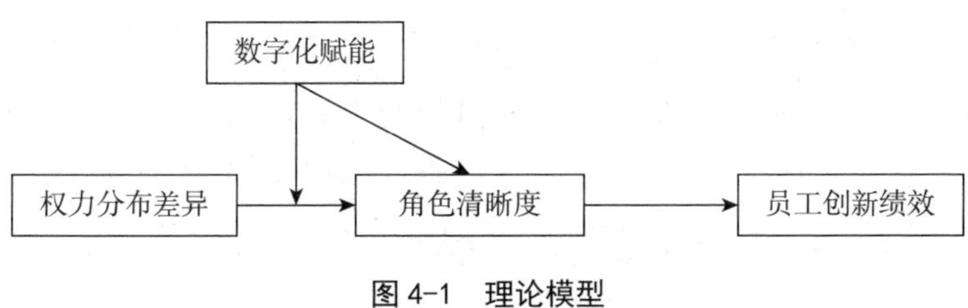

图 4-1　理论模型

第三节　角色清晰度路径视角下团队权力正向效应的研究设计

一、研究对象

本研究数据主要通过问卷调查方式收集，调查对象涵盖生物制药、互联网科技、信息技术、工业制造等多个行业，样本来源于宁波、杭州、南昌、广州等主要城市。核心变量包括权力分布差异、角色清晰度、数字赋能和员工创新绩效。数据采集使用了两套问卷：问卷 A（员工问卷）主要是测量员工的人口统计学特征、权力分布差异、数字赋能及角色清晰度；问卷 B（主管问卷）主要是测量团队的人口统计学特征、权力分布差异、数字赋能及员工创新绩效。为确保调研的顺利进行，研究团队在调研过程中尽可能争取企业人力资源管理负责人的协助，获取调研主管及其团队成员名单。同时，为每位受访者准备了密封的调查信封，内含调研说明、保密承诺、问卷及回收指引，旨在进一步提高问卷回收的效率和质量。问卷的发放与回收时间为 2024 年 5 月至 2024 年 11 月。数据收集方式如下：①实地调研。共调研 13 家企业，43 个团队，在获得人力资源部门支持后，向 43 名主管和 258 名员工发放问卷，结果获得 38 个团队的有效问卷信息，包括 38 名主管和 235 名员工，有效回收率为 90.69%；②网络邮寄调研。共调研 10 家企业，31 个团队，在通过电话联系企业负责人并获得支持后，向 31 名主管和 167 名员工邮寄问卷，最终获得 26 个团队的有效问卷信息，包括 26 名主管和 146 名员工，有效回收率为 86.87%。综合以上两种方式，共收集到 64 个团队的有效问卷信息，包括 64 名主管和 381 名员工的配对数据。

对最终回收的有效数据进行统计分析后，样本的基本特征如下。①性别分布：男性 306 人（其中主管 42 人），占比 68.76%；女性 139 人（其中主管 22 人），占比 31.24%。②学历分布：专科及以下 206 人

（其中主管 12 人），占比 46.29%；本科 186 人（其中主管 37 人），占比 41.80%；研究生及以上 53 人（其中主管 15 人），占比 11.91%。③年龄分布：18–25 岁 82 人，占比 18.43%；26–35 岁 171 人（其中主管 18 人），占比 38.43%；36–45 岁 130 人（其中主管 32 人），占比 29.21%；46 岁及以上 62 人（其中主管 14 人），占比 13.93%。④团队规模：平均规模为 6.95 人；3–5 人团队 11 个，占比 17.19%；6–10 人团队 47 个，占比 73.44%；11 人及以上团队 6 个，占比 9.37%。⑤团队平均工作年限：1 年以下团队 5 个，占比 7.81%；1–3 年团队 8 个，占比 12.50%；3–5 年团队 27 个，占比 42.19%；5 年及以上团队 24 个，占比 37.50%。

二、变量测量

（一）权力分布差异

本研究采用朱玥等（2019）研究中使用的轮转法问卷设计，对团队中的权力分布差异进行了测量。具体而言，团队中的每位成员将对其他成员在团队中的权力水平进行评估。评估题项为“我认为该同事在团队中的权力程度如何（例如，他 / 她是否在资源分配上具有不对称的控制权，或是否能有效地影响他人执行其意图）”。评估采用 Likert-5 量表，随后计算每位成员由团队内其他成员评估得分的平均值，以确定其在团队中的权力水平。获得各成员权力水平后，再通过计算离散系数来反映团队内的权力分布差异。离散系数越大，通常表明团队权力分布差异程度越高。

（二）角色清晰度

本研究参考周金毅、陈昊、李雅文（2017）和 Sawyer（1992）对角色清晰度的测量，主要从两个维度进行了评估。一是目标清晰度，指员工对工作目标和责任的理解程度；二是过程清晰度，指员工对实现这些目标所需过程的理解程度。目标清晰度通过询问受访者对工作相关目标的清晰程度进行测量。目标清晰度包括 5 个题项：我清楚地知道自己工作的任务和要求；我清楚地知道自己工作的目标；我清楚地知道我的工作与部门整体工作目标的联系；我清楚地知道自己工作的预期成效；我清楚地知道哪些方面的努力有助于在工作上获得更好的成绩。过程清晰度评估员工对工作流程、日程安排以及角色执行所需时间分配的清晰程度。过程清晰度包括 5 个题项：我清楚地知道如何根据工作要求分配时间；我清楚地知道如何安排自己一天的工作时间；我清楚地知道如何确定每个工作任务相应的程序；我清楚地知道自己工作的步骤是否是正确和恰当的；我清楚地知道最好的工作处理方法。该量表的 Cronbach's α 系数是 0.89，显示了其较高的内部一致性。

（三）数字化赋能

本研究参照 Lingling 和 Ye（2023）的研究成果，采用 3 项题目来测量数字赋能水平，这 3 项题目主要涵盖了数字技术对企业各方面运作的影响。具体包括：通过引入数字技术加强了对所有企业资源的管理；在公司的生产、销售或服务业务流程中引入数字技术；通过数字技术使业务目标的实现更加实际、可行和有形。该量表的 Cronbach's α 系数为 0.91，表明其具有较高的内部一致性，可靠性良好。

（四）员工创新绩效

本研究采用 Scott 等（1994）开发的创新绩效评价量表，该量表由 6 个题项构成，主要用于衡量员工的创新绩效，且由员工对应的领导填写以获取评价数据，每个题项涉及不同维度的创新行为。具体包括：寻找新的技术、流程、技术和 / 或产品创意；产生创造性想法；向他人推广并拥护自己的创意；调查并确保实施新想法所需的资金；为新想法的实施制定充分的计划和时间表；具有创新性等方面。该量表广泛应用于各类创新研究，能够有效地评估个体及团队的创新绩效。量表的 Cronbach's α 系数为 0.85，表明该量表具有较高的内部一致性，适合用于实际研究中的员工创新绩效测量。

第四节　角色清晰度路径视角下团队权力正向效应的研究结果

一、数据聚合

为了实现团队层面的分析，需要将数字化赋能这一变量从个体层面聚合至团队层面。数据聚合的前提是确保团队内个体的评价具备一致性和信度。常见的聚合指标包括 Rwg、ICC(1) 和 ICC(2)，前文第三章第四节已对这几项指标做了详细讲解，在此不再赘述。

经统计计算，数字化赋能的聚合指标如下：Rwg=0.868，高于临界值 0.70，表明团队成员对数字化赋能的评价一致性较高；ICC(1)=0.273，在合理范围内，说明组内个体差异对团队层面变量的贡献适中；ICC(2)=0.652，高于临界值 0.50，表明组间差异显著，团队层面聚合具有良好的信度。因此，数字化赋能变量具备较强的内部一致性和显著的组间变异性，可以将个体层面的数据聚合至团队层次，为后续的团队层面分析提供可靠依据。

二、验证性因子分析

验证性因子分析（CFA）的目的是评估测量模型的构建效度，包括聚合效度和区分效度，以确保理论模型中各变量的测量结构合理并适合后续分析。通过对拟合指标的检验，可以判断假设模型是否能够较好地反映数据的结构关系。本研究使用 AMOS 22.0 统计分析软件进行了验证性因子分析（CFA），以检验假设的四因子模型（模型 1：权力分布差异、角色清晰度、数字化赋能、员工创新绩效）的拟合情况，并将其与其他可能的嵌套模型（模型 2～模型 4）进行比较。具体分析结果见表 4-1。验证性因子分析结果显示，假设的四因子模型具有良好的拟合度，各项拟合指标均达标。具体表现为：χ^2/df = 1.46（＜ 3，拟合优良）；RMSEA = 0.02（＜ 0.05，说明模型残差较低）；NNFI = 0.92（≥ 0.90，说明模型相对拟合优度较高）；CFI = 0.91（≥ 0.90，说明比较拟合优度良好）；IFI = 0.92（≥ 0.90，说明增值拟合指标达到标准）。相比之下，三种替代模型（模型 2～模型 4）的拟合度较差，且与四因子模型的拟合度差异显著（χ^2 差异检验结果表明 $P < 0.05$）。这些结果表明，四因子模型的结构更合理，变量之间具有较好的区分效度，支持所提出的理论模型。通过验证性因子分析，本研究进一步确认了权力分布差异、角色清晰度、数字化赋能和员工创新绩效作为独立变量的理论构念，并为后续的路径分析和假设检验提供了坚实的基础。

表 4-1　验证性因子分析结果

Models	χ^2/df	RMSEA	NNFI	CFI	IFI
PD;RC;DE;EIP	1.46	0.02	0.92	0.91	0.92
PD;RC; DE+EIP	2.25	0.07	0.84	0.83	0.84
PD; RC+DE+EIP	2.68	0.09	0.74	0.75	0.75
PD+RC+DE+EIP	3.27	0.13	0.66	0.68	0.68

注：PD= 权力分布差异；RC= 角色清晰度；DE= 数字化赋能；EIP= 员工创新绩效

三、变量描述性统计分析

本研究运用 SPSS 22.0 统计分析软件，对各变量的均值、标准差及相关性进行了分析，结果如表 4-2 所示。相关性分析的目的是初步检验变量之间的线性关系，为后续模型构建和假设检验提供基础。从表 4-2 可见，各变量之间的相关性总体符合预期。特别是，角色清晰度与员工创新绩效呈显著正相关（$r = 0.49$，$P < 0.01$），表明角色清晰度的提升可能对员工创新绩效具有促进作用。此外，其他变量之间的相关性也均在合理范围内，未发现严重的多重共线性问题。上述结果初步支持了理论假设，说明角色清晰度等变量在提升员工创新绩效中可能具有重要作用。这为进一步的路径分析和中介、调节效应的检验奠定了数据基础。

表 4-2　描述性统计分析结果

变量	M	SD	1	2	3	4
个体层面						
性别	1.34	0.28	1.00			
教育程度	2.97	0.52	0.03	1.00		
角色清晰度	3.98	0.61	0.06	−0.01	1.00	
员工创新绩效	4.04	0.65	0.05	0.03	0.49**	1.00
团队层面						
团队规模	6.95	2.53	1.00			
团队工作年限	4.16	3.12	−0.07	1.00		
权力分布差异	0.28	0.063	0.10	−0.02	1.00	
数字赋能	4.15	0.67	0.05	0.08	0.12*	1.00

四、角色清晰度在权力分布差异与员工创新绩效中的跨层次中介效应检验

为了检验角色清晰度在权力分布差异与员工创新绩效中的跨层次中介效应，本研究采用多层线性模型（HLM）方法，结果见表 4-3。首先，根据表 4-3 中的模型 4 可知，权力分布差异对员工创新绩效具有显著的负向预测效应（$\beta = -0.26$，$P < 0.01$）。其次，从模型 2 可以看出，权力分布差异对角色清晰度具有显著的正向预测效应（$\beta = 0.38$，$P < 0.01$）。这意味着，权力分布差异越大，员工的角色清晰度就越高。最后，模型 5 的结果显示，角色清晰度对员工创新绩效具有显著的正向预测效应（$\beta = 0.42$，$P < 0.01$）。这表明，角色清晰度越高，员工创新绩效越高。

根据上述结果，本研究满足了 Mathieu 和 Taylor（2007）提出的验证跨层次中介效应的三个假设条件：①自变量对因变量具有显著的直接效应；②自变量对中介变量具有显著的预测效应；③中介变量对因变量具有显著的预测效应。进一步分析中，当将权力分布差异与角色清晰度同时纳入模型以解释对员工创新绩效的影响时，权力分布差异对员工创新绩效的直接影响系数由 -0.26（$P < 0.01$）显著降低至 -0.20（$P < 0.01$），且角色清晰度仍然对创新绩效具有显著的正向影响。这表明，角色清晰度在权力分布差异与员工创新绩效之间起到部分中介作用。

综上所述，权力分布差异通过员工角色清晰度这一中介变量对员工创新绩效产生间接的正向影响，从而部分抵消了权力分布差异对创新绩效的直接负向效应。H_1 得到了支持。

表 4-3　角色清晰度在权力分布差异与员工创新绩效中的跨层次中介效应分析

变量	RC		EIP		
	M_1	M_2	M_3	M_4	M_5
截距项 (γ_{00})	3.52**	2.15**	2.74**	2.14**	1.69**
个体层面控制变量					
性别	0.08	0.06	0.11	0.10	0.09
教育程度	0.10	0.07	0.06	0.05	0.04
团队层面控制变量					
团队规模	0.05	0.04	0.04	0.00	0.00
团队工作年限	0.09	0.09	0.08	0.06	0.04
PD		0.38**		−0.26**	−0.20**
RC					0.42**
σ^2	0.25	0.22	0.20	0.19	0.16
τ_{00}	0.06	0.10	0.08	0.10	0.14

注：*$P < 0.05$，**$P < 0.01$；字母简写所含意思同上；σ^2 是层 1 的残差；τ_{00} 是层 2 的截距残差。

五、数字化赋能的跨层次调节效应检验

为了检验数字化赋能的跨层次调节效应，本研究运用 HLM 统计分析软件，构建了数字化赋能与权力分布差异交互作用对角色清晰度影响的多层线性模型，以验证 H_2。分析步骤如下：首先，建立零模型（模型 1），用于检验角色清晰度的方差组成，并确定是否适合进行多层线性建模分析；其次，在零模型的基础上加入权力分布差异构建模型 2，以考察其对角色清晰度的直接影响；再次，在模型 2 的基础上进一步加入数字化赋能，构建模型 3，分析其对角色清晰度的独立影响以及在控制权力分布差异后对角色清晰度的影响效果；最后，在模型 3 的基础上加入权力分布差异与数字化赋能的交互项（权力分布差异 × 数字化赋能），构建模型 4，以考察交互项对角色清晰度的影响。分析结果见表 4-4。

从表 4-4 可以看出，权力分布差异对角色清晰度的直接影响显著（β= 0.38，$P < 0.01$），而数字化赋能对角色清晰度的直接影响也显著（β= 0.27，$P < 0.01$）。更重要的是，权力分布差异与数字化赋能的交互项对角色清晰度具有显著的正向调节效应（$\beta = 0.10$，$P < 0.05$），表明数字化赋能在跨层次上显著调节了权力分布差异与角色清晰度之间的关系，H_2 得到支持。

表 4-4 数字化赋能调节效应的多层线性模型分析

变量	RC				EIP	
	M_1	M_2	M_3	M_4	M_5	M_6
截距项 (γ_{00})	3.52**	2.15**	1.77**	1.43**	2.31**	2.08**
个体层面控制变量						
性别	0.08	0.06	0.04	0.04	0.11	0.10
教育程度	0.10	0.07	0.05	0.03	0.07	0.06
团队层面控制变量						
团队规模	0.05	0.04	0.03	0.03	0.00	0.00
团队工作年限	0.09	0.09	0.07	0.06	0.05	0.04

续　表

变量	RC				EIP	
	M_1	M_2	M_3	M_4	M_5	M_6
PD		0.38**	0.27**	0.22**	-0.21**	-0.19**
RC						0.36**
DE			0.33**	0.24**	0.42**	0.34**
PD*DE				0.10*	-0.18**	-0.16**
RC*DE						0.11*
σ^2	0.25	0.22	0.18	0.15	0.20	0.18
τ_{00}	0.06	0.10	0.06	0.05	0.11	0.10
τ_{11}		0.05	0.04	0.04	0.02	0.02
$R^2_{交互作用}$				0.16	0.21	0.25

注：* $P<0.05$，** $P<0.01$；R^2 为准决定系数；τ_{00} 为层 2 截距残差；τ_{11} 为层 2 斜率残差；σ^2 为层 1 残差。

为了更直观地展示数字化赋能的跨层次调节效应，本研究绘制了权力分布差异与数字化赋能交互作用对角色清晰度影响的简单斜率图（见图 4-2）。由图 4-2 可以看出：在高水平数字化赋能情况下，权力分布差异对角色清晰度的正向作用更加显著；在低水平数字化赋能情况下，权力分布差异对角色清晰度的影响不显著。也就是说，数字化赋能在权力分布差异与角色清晰度的关系中起到正向调节作用。提高数字化赋能水平有助于释放权力分布差异的潜在正向效应，为提升员工角色清晰度提供了重要路径。

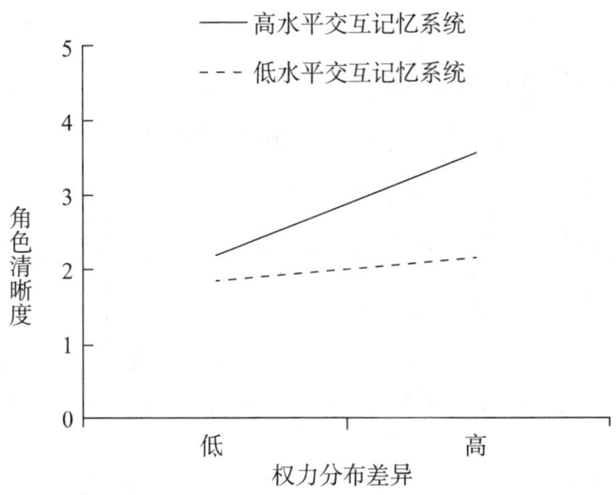

图 4-2　数字化赋能对权力分布差异与角色清晰度关系的调节效应

根据温忠麟和叶宝娟（2014）的研究方法，本研究对数字化赋能调节的中介效应进行了检验。具体包括以下两个方面：①简单调节模型检验。通过建立员工创新绩效与权力分布差异关系的简单调节模型（见表4-4 中的模型 5），检验直接效应是否受到数字化赋能的调节。结果显示权力分布差异对员工创新绩效的直接效应显著（β=-0.21，$P < 0.01$），并且数字化赋能与权力分布差异的交互项对员工创新绩效的效应显著（β=-0.18，$P < 0.01$）。由此表明，权力分布差异与员工创新绩效之间的直接路径受到数字化赋能的显著调节。②有调节的中介效应检验。进一步通过构建有调节的中介模型检验权力分布差异通过角色清晰度对员工创新绩效的中介效应是否受到数字化赋能的调节。分析表 4-4 中的模型 4 和模型 6 的结果发现：模型 4 结果表明权力分布差异对角色清晰度的效应显著（β=0.22，$P < 0.01$），权力分布差异与数字化赋能的交互项对角色清晰度的效应显著（β = 0.10，$P < 0.05$）；模型 6 结果表明角色清晰度对员工创新绩效的效应显著（β=0.36，$P < 0.01$），角色清晰度与数字化赋能的交互项对员工创新绩效的效应显著（β=0.11，$P < 0.05$）。

根据温忠麟和叶宝娟（2014）的方法，当系数 α_3 和 b_1 显著时，说明调节变量（数字化赋能）调节了中介过程的前半路径（自变量与中介变量之间的关系）；当系数 α_1 和 b_2 显著时，则调节变量调节了中介过程的后半路径（即中介变量与结果变量之间的关系）。结合以上分析可知，角色清晰度在权力分布差异与员工创新绩效之间的中介效应，其前半路径和后半路径均受到数字化赋能的显著调节。因此，H_3 得到了支持。

基于表 4-4 中模型 6 的结果，绘制交互作用图（见图 4-3）。从图 4-3 可以观察到以下特点：在高水平数字化赋能的情况下，权力分布差异对员工创新绩效的负向影响趋于不显著；在低水平数字化赋能的情况下，权力分布差异对角色清晰度的负向影响仍然较为显著。这些结果进一步支持了数字化赋能对权力分布差异与员工创新绩效关系的调节效应。

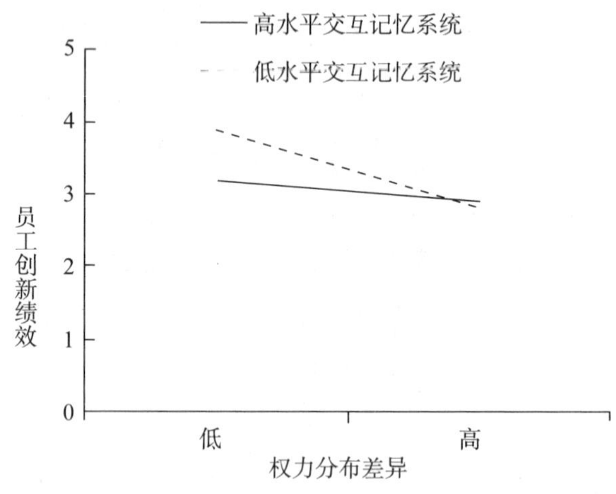

图 4-3　数字化赋能对权力分布差异与员工创新绩效关系的调节效应

六、角色清晰度在数字化赋能与员工创新绩效中的跨层次中介效应检验

为了检验数字化赋能驱动员工角色清晰度进而推进员工创新绩效提升的功能，本研究采用多层线性模型（HLM）进行分析，结果见表 4-5。首先，依据表 4-5 中的模型 4，数字化赋能对员工创新绩效具有显著的正向预测效应（β= 0.36，$P < 0.01$）。其次，从模型 2 的结果可以看出，数字化赋能对员工角色清晰度也具有显著的正向预测效应（β= 0.41，

$P<0.01$）。第三，模型 5 的分析结果表明，角色清晰度对员工创新绩效同样具有显著的正向预测效应（$\beta=0.33, P<0.01$）。上述结果同样表明，本研究符合 Mathieu 和 Taylor（2007）提出的跨层次中介效应的三个假设条件。进一步分析显示，当数字化赋能与角色清晰度同时纳入模型来解释对员工创新绩效的影响时，数字化赋能对员工创新绩效的直接效应系数由 0.36（$P<0.01$）显著降至 0.24（$P<0.01$），而角色清晰度仍然对员工创新绩效具有显著的正向影响。这表明，角色清晰度在数字化赋能与员工创新绩效之间发挥了部分中介作用。

综上所述，数字化赋能作为重要驱动力，除了调节权力分布差异对员工角色清晰度的影响，还通过提升员工角色清晰度这一中介变量间接地对员工创新绩效产生正向影响，也部分抵消了权力分布差异对创新绩效的直接负向效应。因此，H_4 得到了支持。

表 4-5　角色清晰度在数字化赋能与员工创新绩效中的跨层次中介效应分析

变量	RC		EIP		
	M_1	M_2	M_3	M_4	M_5
截距项 (γ_{00})	3.52**	2.63**	2.74**	2.30**	2.02**
个体层面控制变量					
性别	0.08	0.05	0.11	0.09	0.09
教育程度	0.10	0.08	0.06	0.04	0.04
团队层面控制变量					
团队规模	0.05	0.03	0.04	0.02	0.01
团队工作年限	0.09	0.12	0.08	0.07	0.05
DE		0.41**		0.36**	0.24**
RC					0.33**
σ^2	0.25	0.23	0.20	0.17	0.16
τ_{00}	0.06	0.10	0.08	0.10	0.13

注：*$P<0.05$，** $P<0.01$；字母简写所含意思同上；σ^2 是层 1 的残差；τ_{00} 是层 2 的截距残差。

第五节　角色清晰度路径视角下团队权力正向效应的研究结论与启示

一、研究结论

本研究基于对64个团队的有效问卷数据进行分析，其中包括64名主管和381名员工的配对数据，验证了研究理论模型中的假设，得出了以下结论。

（一）角色清晰度在权力分布差异与员工创新绩效关系中发挥部分中介作用

本研究的首要结论是，权力分布差异能够显著影响员工创新绩效，而角色清晰度在这一关系中发挥了部分中介作用。通过对64个团队的有效问卷数据进行分析发现，权力分布差异对员工创新绩效存在负向效应，但员工的角色清晰度能够有效缓解这一负面影响，从而促进创新绩效的提升。具体而言，在权力分布差异较大的团队中，权力结构的不同可能促使员工更加关注自己的角色和职责，从而促进角色清晰度的提高。而且，在权力分布较为集中的团队中，员工通常会在更明确的权力指引下清晰地界定自己的职责和工作范围，避免角色重叠或模糊。然而，当员工的角色清晰度得到提升并明确自己的职责、期望和工作要求时，他们能够更好地理解自己在团队中的定位，减少因权力分布差异带来的不确定性与冲突，从而显著提高创新绩效。进一步分析表明，角色清晰度作为一种心理机制能够帮助员工在复杂的团队环境中厘清自己的角色定位，增强对工作内容和目标的认同感和责任感。高角色清晰度的员工能够更精准地判断自己的行动和决策对团队目标的贡献，从而在创新过程中发挥出更大的创造力与效率。这一机制表明，虽然权力分布差异会造成一定的负面效应，但通过提升员工的角色清晰度，可以有效地减缓这一效应，并促进员工创新绩效的提高。

（二）数字化赋能对权力分布差异与角色清晰度之间关系的调节作用

数字化赋能在权力分布差异对角色清晰度的关系中起到了关键的调节作用。研究发现，数字化赋能不仅能够增强权力分布差异对员工角色清晰度的正向影响，还能够进一步放大这种影响，从而间接提升员工的创新绩效。具体而言，数字化技术通过提供实时信息、优化沟通渠道以及增强决策透明度，能够有效帮助员工在一个复杂和多变的权力结构中更清晰地界定自己的角色和职责，进而提升其角色清晰度。在数字化赋能的工作环境中，团队成员通过使用各种数字工具和平台（如协作软件、项目管理系统等），可以获得更加明确的任务分配、实时反馈和支持。这些工具不仅帮助员工明确工作要求，还通过促进跨层次沟通和信息共享减少了由于权力分布不均带来的角色不清晰现象。例如，在权力分布较为集中的团队中，数字化赋能能够使员工更清晰地理解上级的指示和期望，从而减少因信息传递不畅导致的角色模糊；而在权力分布较为分散的团队中，数字化工具通过明确每个成员的具体职责和贡献，使得员工能够在团队内明确自己的定位，降低角色冲突的发生。此外，数字化赋能在提升角色清晰度的同时，进一步增强了权力分布差异对员工创新绩效的正向效应。通过提高角色清晰度，员工能够更好地理解自己的创新职责和目标，从而激发更高的创新动能。在这种高效的工作环境中，员工更能快速识别问题并采取创新措施，推动团队创新绩效的提升。因此，数字化赋能不仅消除了权力分布差异带来的角色不清晰问题，还通过增强角色清晰度间接增强了权力分布差异对员工创新绩效的正向影响。

（三）数字化赋能通过直接作用于员工角色清晰度提高员工创新绩效

本研究进一步证实了数字化赋能作为驱动力的作用能够通过直接作用于员工角色清晰度间接促进员工创新绩效的提升。研究发现，数字化赋能不仅在调节权力分布差异对角色清晰度的影响中发挥重要作用，而且能够独立于其他因素作用于角色清晰度，从而推动员工创新绩效的提高。具体而言，数字化工具和技术通过实时反馈、在线学习平台和知识共享机制，帮助员工更快地理解工作中的角色期望，减少角色模糊性和不确定性，进而提高创新能力和工作效率。在快速变化的工作环境中，数字化赋能能够为员工提供明确的目标和任务框架，帮助他们更好地适应工作要求，并提升其创新表现。通过增强员工对自己角色的认知，数字化赋能有效减少了角色冲突和不明确性，帮助员工在创新过程中做出更高效的决策和行动。此外，数字化赋能还能促进跨部门合作和信息流动，使员工能够更灵活地应对挑战，从而进一步提升创新绩效。因此，数字化赋能不仅在权力分布差异与角色清晰度之间起到调节作用，还作为一种重要的驱动力，通过直接提升员工角色清晰度，促进了员工创新绩效的持续提升。这一发现对组织在数字化转型过程中优化员工创新能力和绩效提供了有力的理论支持和实践指导。

二、理论贡献

（一）丰富了权力分布差异与员工创新绩效关系的理解，揭示了角色清晰度的中介作用

本研究丰富了关于权力分布差异对员工创新绩效影响的研究框架，特别是揭示了角色清晰度在其中的中介作用。以往的研究普遍认为权力分布差异在一定程度上可能导致员工角色模糊，从而抑制创新绩效。但本研究指出，权力分布差异并非单向消极影响员工创新绩效，相反，权

力差异可以通过促使员工在角色定位上进行更清晰的思考，从而间接提高员工的创新绩效。研究表明，在权力分布较为集中的团队内，员工的角色清晰度较高，因而能够更好地理解自己的职责和工作要求，这种清晰感降低了由角色模糊带来的不确定性和冲突，最终有助于创新行为的激发与持续。这一发现突破了传统观念，拓宽了关于权力差异与员工创新绩效关系的理论视角，并揭示了角色清晰度在这一过程中所发挥的重要中介作用，填补了现有文献中对于权力分布差异影响机制的空白。

（二）探讨了数字化赋能对权力分布差异效用的调节作用

本研究首次探讨了数字化赋能在权力分布差异与角色清晰度关系中的调节作用。尽管权力分布差异对员工角色清晰度的影响已有广泛讨论，但传统的研究大多未考虑现代数字化技术的作用。通过分析 64 个团队的数据发现，数字化赋能不仅能够调节权力分布差异与员工角色清晰度之间的正向关系，而且能够进一步增强这种正向影响。在数字化赋能的环境下，团队成员可以借助各种数字工具和平台获取清晰的任务分配、实时反馈和支持，从而帮助员工更好地理解自己的角色和职责。数字化技术提供了更加透明的沟通渠道和信息流动，减少了因权力分布不均造成的角色模糊和冲突，促进了员工对角色的清晰定位。这一发现首次将数字化赋能视作组织内部权力分布差异对员工角色清晰度影响的重要调节因素，为数字化转型和组织行为学研究提供了新的理论视角。

（三）进一步明确了数字化赋能在员工创新绩效提升中的作用

本研究明确了数字化赋能在员工创新绩效提升中的间接作用。现有的研究多集中于数字化赋能对员工创新绩效的直接影响，而对于其通过其他变量的间接作用探讨较少。通过实证分析，本研究发现，数字化赋能不仅能够直接提高员工的角色清晰度，还能够间接促进员工创新绩效的提升。具体而言，数字化赋能提供了更加明确的信息传递和沟通平台，减少了由于权力分布差异带来的角色不清晰问题，进而提升了员工对自己工作角色的理解与认同。这种角色清晰度的提升进一步增强了员工的创新动力，使得员工能够在明确的角色框架下发挥更大的创新能力。通过这种方式，数字化赋能不仅可以帮助员工应对权力分布差异带来的不确定性，还促进了员工创新绩效的提升。这一贡献不仅加深了我们对数字化赋能作用机制的理解，还为未来研究提供了数字化赋能影响员工行为的多维度视角，特别是在角色清晰度和创新绩效之间进行间接影响的理论模型。

三、实践启示

（一）管理者应关注权力分布差异的负向影响，并通过提升角色清晰度加以缓解

本研究的首要实践启示是，组织管理者应关注权力分布差异对员工创新绩效的潜在影响，特别是当权力过于集中时对创新绩效产生的负面影响。研究表明，虽然权力分布差异在某些情况下可能会抑制员工创新，但通过提升员工角色清晰度可以有效减轻这种负面效应。因此，管理者应采取措施，通过明确划分员工的角色和职责、设立清晰的期望和工作要求来减少角色模糊性对员工创新绩效的影响。尤其是在权力分布差异较大的团队中，主管应主动提供清晰的任务分配和职责说明，以确保员工能够准确理解自己的工作定位。这不仅有助于减少因角色不清晰带来的不确定性和冲突，还能提升员工的创新动能，使员工更好地发挥其创新潜力。因此，提升角色清晰度应成为现代团队管理的重要目标之一。

（二）数字化赋能是提升角色清晰度和创新绩效的有效工具，企业应加大数字化转型的投入

数字化赋能不仅能帮助提升员工的角色清晰度，还能通过强化沟通、优化协作流程以及增强任务透明度进一步促进员工创新绩效的提升。研

究发现，数字化赋能能够有效调节权力分布差异对员工角色清晰度的正向作用，减少由于信息不对称和沟通不畅带来的角色模糊问题，从而增强员工创新。在实践中，企业应加大对数字化工具和平台的投入，推动数字化转型的深入实施。数字化赋能不仅能够提高信息的透明度，还能通过实时数据共享和智能化协作平台优化团队沟通，减少由于权力差异带来的角色不清晰和职能冲突。这些技术支持可以帮助员工更好地理解团队中的角色分工，减少因权力分布不均而导致的角色不确定性，进一步激发员工的创新行为。因此，企业在推进数字化转型时，应确保将数字化赋能作为提升员工角色清晰度和创新绩效的核心要素，提升组织的创新能力。

（三）管理者应调整领导风格以适应数字化环境和权力分布差异，推动创新文化的形成

在数字化赋能的背景下，管理者需要调整领导风格，以适应新型工作环境和权力分布差异，从而推动创新文化的形成。本研究发现，数字化赋能和权力分布差异对角色清晰度和创新绩效具有显著的作用，管理者应采取更加开放、透明和支持性的领导方式，以帮助员工在数字化环境中更加清晰地理解自己的角色和职责，进而提升其创新绩效。首先，管理者应通过明确的沟通和反馈机制，帮助员工在权力分布差异较大的团队中更加清楚地了解自己的工作职责。数字化工具的使用可以帮助管理者在信息流通、任务分配和反馈上做到更加透明和及时。其次，管理者还应鼓励员工主动反馈和参与决策，使员工能够在充分了解角色定位的基础上更积极地贡献创新思维。此外，管理者应为员工提供必要的资源和支持，帮助他们解决因权力分布差异而可能产生的冲突，建立更加协作和创新的工作氛围。

四、研究不足与展望

（一）样本规模及数据来源的局限性

本研究的一个显著不足是样本规模相对较小且局限于64个团队，包含64名主管和381名员工的配对数据。虽然这一样本能够为研究提供初步的实证支持，但其代表性和普适性可能受到一定限制。首先，样本规模较小可能会影响研究结果的统计功效，导致某些变量之间的微弱关系未能显现出来。此外，研究对象集中在某一地区或行业的团队，可能无法全面代表不同文化、行业或组织类型下的员工行为特征和创新绩效。这种地域或行业特定的样本可能导致研究结果的外部效度不足，无法推广到其他类型的团队或组织环境中。为了弥补这一不足，未来的研究可以扩大样本规模，涵盖来自不同行业、不同地区甚至不同国家的团队数据，从而增强研究结果的广泛适用性和理论的外部有效性。此外，未来的研究可以考虑采集多阶段、多层次的数据，以进一步提高结论的稳健性，并验证所提出理论模型在不同背景下的适用性。

（二）研究模型的简化及变量的选择

本研究虽然提出了权力分布差异、角色清晰度、数字化赋能等关键变量，并验证了它们之间的关系，但在模型构建和变量选择上仍存在一定的简化。首先，本研究主要集中在权力分布差异与角色清晰度、创新绩效之间的关系，而没有考虑到可能影响员工创新绩效的其他中介变量或调节变量。例如，组织文化、团队协作机制、领导支持等因素可能也会对员工创新行为产生重要影响，但本研究未能将这些因素纳入分析框架。此外，本研究中并未深入探讨员工个体差异（如个性、动机、工作经验等）如何调节权力分布差异与创新绩效之间的关系，而这些个体差异可能在实际工作环境中发挥着至关重要的作用。因此，未来的研究可以在扩展研究模型的同时进一步引入更多的变量，尤其是考虑到多层次的团队互动、个体特征和组织文化等因素。通过构建更为复杂的多变量模型，能够更好地揭示权力分布差异、数字化赋能和员工创新绩效之间的多元化互动机制，从而获得更为深入的洞察。

（三）长期效应和因果关系的进一步探索

尽管本研究提供了权力分布差异、数字化赋能与员工创新绩效之间的关系证据，但其设计主要依赖于横向数据，未能揭示这些因素在时间维度上的长期效应或因果机制。横向数据能够描述变量之间的相关性，但无法证明因果关系的方向性。实际工作环境中，权力分布差异和数字化赋能对员工角色清晰度及创新绩效的影响可能随时间变化而不同。例如，权力分布差异对员工角色清晰度的影响可能在短期内较为显著，但长期来看，这一影响可能会因其他因素（如团队成员之间的沟通与协作等）而减弱或发生变化。因此，未来的研究应采用纵向数据设计，以跟踪和观察团队成员在不同时间节点上的角色清晰度与创新绩效变化。这将有助于深入探讨权力分布差异、数字化赋能和创新绩效之间的因果关系，并揭示这些因素的长期效应。此外，基于纵向数据的研究还可以为组织管理者提供更具实践意义的指导，帮助他们设计长期有效的管理干预措施，从而促进团队的持续创新和高效协作。

第五章 团队权力负向效应：团队冲突路径视角

第一节 基于团队冲突路径视角的研究背景

作为社会和组织关系中的基本元素，权力无处不在，渗透于社会互动的方方面面，具有普遍性和普适性（Magee, Galinsky, 2008；Yu, Kilduff, 2020）。权力在个体层面上具有一系列积极作用，已被广泛证实能够提升个体的执行力（Smith, Wigboldus, Dijksterhuis, 2008）、增强生活满意度（Anderson, Kraus, Galinsky, Keltner, 2012）、促进目标愿景的实现，以及延长个体的预期寿命（Greer, Van Bunderen, Yu, 2017）。然而，在团队这一相互依存的集体环境中，权力的作用更为复杂。虽然权力能够在一定程度上提高团队绩效，但也可能对团队产生破坏性影响，进而损害团队的协作效果（Brief, Smith-Crowe, 2016；Greer, Chu, 2020）。

在团队权力的研究领域，学者们通过不同的理论视角和研究方法对权力进行了多种概念化。迄今为止，关于团队权力的两大核心概念化研究集中在权力水平与权力分布差异（Greer et al., 2017）这两个维度上。相比于权力水平的研究，权力分布差异在学术界获得了更多关注，并且与多种团队结果密切相关（Greer et al., 2017；谢江佩 等，2020）。权力分布差异通常被定义为"权力在群体成员之间的集中度"（Tarakci, Greer, Groenen, 2016）。根据这一定义，当权力集中在一个或少数成员手中时，权力分布差异的水平最高；而当权力平均分配给团队成员时，权力分布差异的水平最低。尽管如此，对于权力集中（高权力分布差异）与权力平衡（低权力分布差异）哪种方式更有利于团队效果的问题，目前学术界尚未形成共识。一些研究认为，高权力分布差异能够带来明确的领导权威，有助于决策的高效执行，但也可能引发群体成员间的不满与冲突，从而影响团队的合作与绩效（Greer et al., 2017）。而另一些研究则指出，低权力分布差异能够促进团队成员的平等互动和信息共享，提升团队的协同效应，但也可能导致决策效率的下降，因为决策往往需要更多成员的参与和协调（谢江佩，等，2020）。因此，权力分布差异的影响是一把双刃剑，它既可能促进团队绩效，也可能产生负面效果，尤其在高度依赖协作与沟通的团队环境中。

持权力功能主义观点的学者认为，权力分布差异能够通过促进团队协调、创造心理安全的环境、提供激励机制、支持分工协作、鼓励自愿合作，以及构建不同权力阶层的互补效应，进而使团队受益（Halevy, Chou, Galinsky, 2011；Greer et al., 2017；朱玥，等，2019）。具体而言，适度的权力差异有助于形成明确的领导层次和决策流程，推动团队成员根据其权力角色进行合理分工与协作，提高效率，并通过权力提供的激励机制激发成员的积极性和责任感。此外，权力差异还可能促进高权力成员通过指导和资源支持帮助低权力成员提高工作效率，从而形成互补效应，增强团队整体的凝聚力与执行力。

然而，持权力冲突理论观点的学者则认为，权力分布差异往往会通过引发不公平感知、嫉妒、竞争、权力斗争和冲突行为等负面情绪，导致办公室政治的泛滥，扭曲团队成员对彼此意见的理解，从而破坏团队的合作与信任，最终损害团队绩效（Greer, Van Kleef, 2010; Bunderson, Van Der Vegt, Cantimur, et al., 2016; Greer, de Jong, Schouten, Dannals, 2018）。尤其是在高度依赖协作与信任的团队环境中，权力差异可能加剧成员之间的竞争性和排他性，导致信息共享的障碍和协作意愿的下降，甚至引发成员间的敌意和内讧，从而影响团队的整体绩效。

围绕这两种截然不同的观点，学者们对权力分布差异的研究进行了不间断的探索，试图揭示其影响机制。然而，现有的相关研究结论仍然存在显著分歧，导致学者们难以对这些观点进行有效对比和整合。为了协调这两种观点的分歧并梳理已有的文献，部分学者进行了元分析研究。他们发现，在所纳入的研究中，权力分布差异对团队绩效的平均影响是负面的，这表明，虽然理论上权力差异可能带来某些功能性优势，但其负面影响往往更为突出，特别是在高度依赖合作和信息共享的团队环境中（Greer et al., 2018; Dreu, Weingart, 2003; De Wit, Greer, Jehn, 2012; Greer et al., 2017）。这一结论对权力功能主义观点的支持较为薄弱，表明权力分布差异的消极效应更为显著，尤其是在权力不均的情况下。显然，权力冲突理论认为，权力分布差异何时以及为何会损害团队绩效，具有重要的理论和现实意义。只有通过深入理解权力分布差异的消极影响机制，才能为合理的干预措施提供理论依据，以防止权力等级设计可能带来的负面后果。

在权力冲突理论的框架下，团队冲突被认为是解释权力分布差异对团队绩效产生消极影响的重要过程变量（Tarakci et al., 2016; Greer et al., 2017; Greer et al., 2018; 朱玥，等，2019；谢江佩，等，2020）。许多相关研究表明，权力差异可能通过引发团队冲突，进而影响团队绩效。然而，这些研究大多将团队冲突视为单一的整体维度，而忽略了团队冲突实际上由不同类型的冲突构成，并且不同类型的冲突对团队绩效具有差异化的影响（Simons, Peterson, 2000；戴佩华，2014；朱玥，等，2019）。这种将冲突类型统一视为单一变量的做法，可能仅验证了团队冲突对绩效的整体影响，而未能有效揭示不同类型冲突所产生的不同作用机制。事实上，关系冲突与任务冲突两种冲突类型可能在团队中发挥截然不同的作用，甚至可能在同一团队中产生对立的效果。因此，团队冲突的类型化区分是研究权力分布差异影响团队绩效的关键。那么，当团队冲突被区分为不同类型时，权力分布差异通过不同类型冲突的路径作用于团队绩效的效果是否一致？这一问题在现有文献中尚未得到充分揭示。因此，学者们建议，未来的研究应当区分不同类型的冲突，探讨关系冲突和任务冲突在权力分布差异与团队绩效之间的中介作用差异（朱玥 等，2019）。这种区分不仅能够为权力分布差异对团队绩效的影响提供更为细致的理解，也能够帮助我们识别和分解不同类型冲突对团队合作与绩效的具体影响路径。另外，我们注意到，尽管已有研究对团队冲突的理论与实验探讨有所贡献，但大多数相关研究仍停留在理论假设与实验设计阶段，缺乏足够的实证研究支持。实证研究能够提供更具操作性和实践意义的洞察，揭示在现实团队情境中权力分布差异通过冲突类型路径对团队绩效的具体影响。因此，本研究基于经典的冲突理论，将冲突类型区分为关系冲突和任务冲突（Jehn, 1995），并利用实证研究方法探讨在这两种冲突类型路径作用下，权力分布差异如何影响团队绩效。

权力分布差异对团队绩效的影响是否最终导向负面往往取决于具体的边界条件（Tarakci et al., 2016；谢江佩，等，2020）。一些学者已经从多个角度提出了不同的理论调节模型，主要集中于任务类型、领导特征、团队结构等因素的影响（Anderson，Willer, 2014；Greer et al., 2018；Groysberg, Polzer, Elfenbein, 2011；Greer, 2014；Bunderson et al.,

2016；Ronay, Greenaway, Anicich, Galinsky, 2012； 朱玥， 等，2019；谢江佩，等，2020），但这些研究较少考虑权力本身因素的作用。事实上，权力本身被认为是团队权力结构的潜在调节因素（Greer, 2014）。这一调节机制主要涉及两个方面：一是权力结构的不同维度（如权力水平、权力多样性）（Groysberg et al., 2011；Greer et al., 2011）；二是权力产生影响的心理机制，其中最为重要的是权力感知（Greer, 2014）。与权力结构的不同维度相比，权力感知这一心理机制尚未得到充分关注，也因此被认为是未来研究的一个重要方向。权力感知主要包括两个关键方面：权力一致性和权力合法性（Greer et al., 2011；Greer, 2014）。其中，权力一致性被定义为团队成员就自身及其他成员在团队中的相对等级顺序达成一致的程度（Greer et al., 2011；Polzer, Milton, Swarm, 2002）。研究表明，当团队成员对权力结构的认知达成一致时，他们能够清楚地意识到自己在团队中的位置，减少互动中的焦虑感和威胁，从而降低团队成员之间的对抗和攻击（Martorana, Galinsky, Rao, 2005）。这一过程有助于减少团队内部冲突，促进团队的协作与和谐，从而提升团队绩效。相反，当团队成员对权力结构的认知出现分歧时，某些成员可能会高估自己在团队中的位置，从而遭遇他人排斥甚至惩罚，最终引发团队内部冲突（Anderson, 2008；Greer, 2014）。这种认知上的冲突不仅增加了团队成员之间的敌意，还可能导致团队中的资源竞争、信息不流通和合作意愿下降，最终损害团队的整体绩效。因此，权力一致性可能通过降低团队内部冲突的水平，缓解权力分布差异的负面影响，从而提高团队的凝聚力和绩效。在此背景下，本研究将从权力本身的心理机制角度出发，探讨权力一致性如何调节权力分布差异对团队绩效的影响。具体而言，我们将研究权力一致性与权力分布差异的交互作用是否能够通过改善团队内部冲突，特别是关系冲突和任务冲突，进而提升团队绩效。我们假设，在高权力一致性情境下，团队成员对权力结构的认知趋于一致，从而减少团队内部的认知冲突，降低因权力差异引发的负面情绪和冲突，最终实现团队绩效的提升。反之，在权力一致性较低的情况下，团队内部可能会因为权力结构的认知差异而增加冲突，从而削弱团队的合作精神和工作效率。

第二节　团队冲突路径视角下团队权力负向效应的研究框架

一、团队冲突的中介作用

权力分布差异是群体互动中权力的重要研究领域，近年来也得到了人们的极大研究兴趣。有研究表明，团队冲突是权力分布差异损害团队绩效的主要过程变量（Greer et al., 2018; Greer, Chu, 2020）。冲突指的是群体成员观点的不一致和人际的不协调，主要被细分为群体成员观点不一致的任务冲突和群体成员人际关系对立与不协调的关系冲突（Jehn, 1995）。根据权力冲突理论的观点，权力分布差异会带来不公平感知等负面情绪，恶化团队成员之间的人际关系，引发关系冲突（Greer et al. 2017）。权力分布差异还会引发团队内部分裂和权力争斗，从而诱发群体成员之间的关系冲突（朱玥，等，2019）。Bunderson 等（2016）就利用来自多个行业的 75 个团队证实了权力分布差异与关系冲突的正向关系。另外，在多团队系统研究中，权力分布差异被发现会增加利益相关者之间的关系冲突和降低心理安全性（Flestea, Curseu, Fodor, 2017），而心理安全又是任务冲突发生的关键（Bradley, Postlethwaite, Klotz, et al., 2012）。权力分布差异还被发现通过破坏团队内部的合作和沟通，抑制团队成员信息共享的欲望，来削弱团队内部的任务冲突水平（Bird, Andric, Hellerstedt, 2020）。由此可见，权力分布差异会激发团队内部的关系冲突，削弱团队内部的任务冲突。

关系冲突与团队绩效的负相关关系已得到广泛证实。关系冲突被指出会阻碍团队成员互动，抵制他人建议和观点（Jung, Lee, 2015），也会诱发负面情绪，引起压力、沮丧和焦虑感，限制团队信息处理能力和认知能力发挥（Tekleab, Quigley, 2014），还会使团队无法对既有资源和信息进行有效整合（Nuez, Schweitzer, Chai, Myers, 2015），从而阻碍团队绩效提升。任务冲突则不同，它通过聚焦任务的内部互动，使团队成员能够深化对彼此观点的理解和洞察，提升团队复杂问题的解决能力（邹今友，2014）。并随着彼此的深入了解，彼此间的信任度和互动频率会更高，沟通和信息交流会因此更加通畅，知识共享的意愿和行为也会更突出（Lee, Avgar, Park & Choi, 2019），这样有利于团队绩效的提升。综上所述，权力分布差异会激发关系冲突，削弱任务冲突，而关系冲突负向影响团队绩效，任务冲突正向影响团队绩效，可见权力分布差异既基于关系冲突的增加，又基于任务冲突的减少损害团队绩效。因此，本研究提出以下假设。

H_1：关系冲突在权力分布差异与团队绩效之间起中介作用，权力分布差异会通过激发关系冲突损害团队绩效；

H_2：任务冲突在权力分布差异与团队绩效之间起中介作用，权力分布差异会通过削弱任务冲突水平损害团队绩效。

二、权力一致性的调节作用

作为权力产生影响的心理机制之一和权力感知的重要内容，权力一致性被定义为团队成员之间就自身和团队内其他人的相对等级秩序或位置达成一致认知的程度（Greer et al., 2011; Greer, 2014; Greer et al., 2017）。权力一致性被证实会对团队权力结构的有效性产生重要影响（Greer, 2014），可以缓解团队权力结构带来的团队冲突（Greeret al., 2011）。当个体对权力结构的看法高度一致时，即高权力一致性，团队成员比较容易认可和接受自己在团队中的位置，团队稳定性将增强（Fiol, O'Connor, Aguinis, 2001）。高稳定性团队（稳定成员和稳定层级）不太可能发生冲突，权力分布差异的负面影响在不太可能发生冲突的团队中也会被削弱（Greer et al., 2018）。同时，高稳定性团队可以促进团队成员对彼此的行为形成自信预期，从而减少个体在团队权力层级中地位的不确定性，为协调行动提供共同的内部脚本，进而缓解权力分布差异引发的人际冲突，提升互动沟通的频率（Fiol, O’Connor, Aguinis, 2001; Butchibabu, Sparano-Huiban, Sonenberg, et al., 2016）。另外，研究还指出权力一致性下，团队内部的社会比较和团队成员权力的相关威胁就会较少，在团队权力结构与团队绩效之间关联的团队冲突也会较少（Greer, Van Kleef, 2010）。反之，当个人对权力结构的看法存在分歧时，即低权力一致性情况下，团队成员可能不清楚自己在团队中的位置，容易僭越其内部权力的界限，从而遭受其他成员的威胁和打击，引发团队内部的关系冲突（Owens, Sutton, 2001; Anderson, Ames, Gosling, 2008），也会破坏团队内部良好的沟通氛围，阻碍信息在团队成员之间的有效共享，降低团队任务冲突水平。由此可见，权力一致性可能会影响团队权力分布差异与团队冲突之间的关系。因此，本研究提出以下假设。

H_3：权力一致性在权力分布差异与关系冲突之间起调节作用，高权力一致性会缓解权力分布差异对关系冲突的正向影响；

H_4：权力一致性在权力分布差异与任务冲突之间起调节作用，高权力一致性会抑制权力分布差异对关系冲突的负向影响。

根据以上分析及提出的假设，本研究认为权力分布差异通过团队冲突（关系冲突和任务冲突）影响团队绩效的关系，受到权力一致性的调节。具体而言，在高权力一致性的团队中，团队成员对于权力结构的认知较为一致，从而减少了权力分布差异引发的关系冲突，同时也避免了权力分布差异对任务冲突的压制效应。这种情况下，团队内部的协作氛围得到增强，冲突水平得以优化，信息共享和沟通效果提升，从而推动团队绩效的提升。反之，在低权力一致性的团队中，由于团队成员对权力结构的认知存在较大分歧，权力分布差异容易导致成员间对彼此位置的不确定感，进而激发更多的关系冲突，并抑制任务冲突的发生。这种情形下，团队的沟通效率降低，合作受到阻碍，团队绩效也难以得到有效提升。因此，本研究提出以下整合性假设。

H_5：权力一致性调节了关系冲突在权力分布差异与团队绩效间的中介作用，即权力一致性水平越高，权力分布差异通过关系冲突对团队协调的负向影响就越弱。

H_6：权力一致性调节了任务冲突在权力分布差异与团队绩效间的中介作用，即权力一致性水平越高，权力分布差异通过任务冲突对团队绩效的负向影响就越弱。

综上得出本研究的理论研究模型，具体见图 5-1。

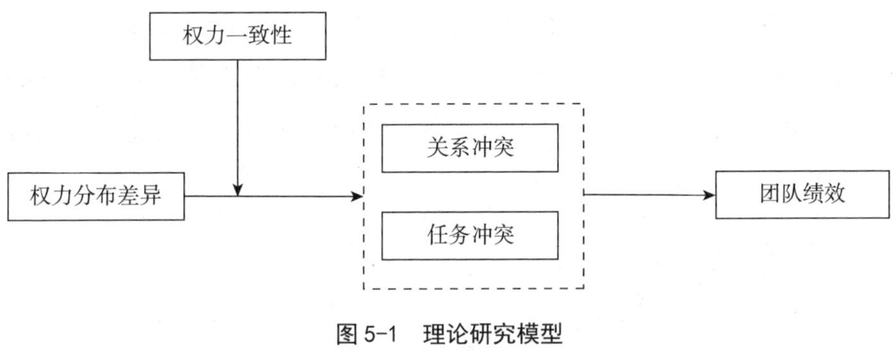

图 5-1　理论研究模型

第三节　团队冲突路径视角下团队权力负向效应的研究设计

一、研究对象

本研究采用问卷调查法，数据来源于浙江省杭州、宁波和绍兴三地 18 家企业的 74 个团队，涵盖了纺织、物流运输、国际贸易、教育培训等行业的多个部门，包括生产技术、财务核算、人力资源管理、营销推广和售后服务等。为了减少共同方法偏差的影响，本研究数据收集分为两个阶段，时间间隔为三个月。在第一阶段，共发放了 415 份问卷，主要测量权力分布差异、团队冲突（关系冲突与任务冲突）、权力一致性及相关人口统计学信息。经过剔除无效问卷（如填写规律化问卷和数据缺失问卷）后，最终回收了 69 个团队共 389 份有效问卷，有效回收率为 93.73%。在第二阶段，三个月后，将 389 份问卷重新发放给原团队成员，主要测量团队绩效，并使用相同的规则剔除无效问卷，最终回收 62 个团队共 351 份有效问卷，有效回收率为 90.23%。在对回收的有效问卷进行统计分析后，发现样本中男性占比 63.53%，女性占比 36.47%；文化程度方面，专科及以下占比 45.87%，本科占比 36.47%，研究生占比 17.66%；员工团队工作年限方面，3 年及以上占比 29.06%，1-3 年占比 44.16%，1 年以下占比 26.78%；团队规模方面，平均团队人数为 5.66 人，其中 10 人以上的团队占比 6.45%，5-10 人占比 48.39%，3-5 人占比 45.16%。

二、变量测量

（一）权力分布差异

为了测量团队中的权力分布差异，本研究采用了朱玥等（2019）在其研究中使用的轮转法问卷设计方法。具体而言，研究要求团队中的每一位成员对团队内其他成员的权力水平进行评价。评价题项为“我认为该同事在团队中拥有多少权力（例如，他 / 她是否能够不对称地控制资源，或者是否具备影响他人决策的能力）”。评价采用李克特 5 点量表，其中 1 表示“几乎没有”，5 表示“非常多”。为了计算每位成员在团队中的权力水平，首先对每位成员的权力评价得分进行汇总，然后取其余成员对该成员的评价得分的平均值，得到该成员在团队中的权力水平。这一做法确保了团队成员之间对他人权力水平的主观评价可以有效地被综合和量化，从而反映出团队成员的相对权力地位。在获得每个成员的权力水平后，进一步通过计算团队内所有成员权力水平的离散系数来评估团队的权力分布差异。离散系数反映了团队成员之间权力分布的集中度，离散系数越大，表明团队内部的权力差异越显著。高离散系数意味着团队成员之间在权力层级上存在较大差异，低离散系数则表示团队内权力分布较为均衡。

（二）关系冲突

为了测量团队中的关系冲突，本研究采用了 Jehn（1995）所开发的经典量表。该量表广泛应用于群体动态和团队冲突研究，主要通过评估团队成员之间的人际摩擦和情感对立来反映关系冲突的程度。具体而言，关系冲突的测量包含四个题项，主要关注团队成员间的互动问题，如“团队成员之间有多少摩擦”“团队成员是否经常发生情感上的冲突”等。该量表通过评估团队成员间的情感对立和人际摩擦，能够有效地捕捉到团队内部由于个体差异、角色冲突或价值观分歧而产生的负面情绪。

（三）任务冲突

任务冲突的测量则采用了邹今友（2014）基于 Jehn（1995）经典量表所改进的版本。改进后的量表专门针对团队在面对工作问题时所出现的观点不一致和意见冲突进行测量，主要包括诸如“针对工作问题讨论时，团队成员会提出很多不一致的观点或看法”以及其他类似的关于任务分歧和意见冲突的条目。任务冲突主要指团队成员在任务相关的讨论中由于意见分歧而产生的冲突，通常与任务的性质、复杂性以及团队成员的专业背景和经验差异密切相关。任务冲突的 Cronbach’s α 系数为 0.90，表明该量表也具有较高的内部一致性，能够较好地衡量团队中出现的任务相关冲突。

（四）权力一致性

在本研究中，权力一致性是通过 Greer、Caruso 和 Jehn（2011）的方法进行测量的。为了准确评估团队成员对权力结构的一致性认知，本研究采取了一系列精细化的测量步骤，确保获得团队内部权力一致性的科学反映。首先，本研究要求每位团队成员对团队中每个成员（包括自己）施加影响的能力进行评价。评价项为“团队中每个成员对团队的影响力有多大？”这种评价方式帮助我们捕捉团队成员如何感知自己与他人在权力层级中的相对位置，以及对团队决策和行为的潜在影响力。其次，针对每个团队成员，本研究计算了其自我评价与他人对其评价之间的差异得分。这一差异得分能够揭示个体对自己在团队中的权力地位的认知与他人评价的偏差。例如，当一个成员自认为在团队中的权力较大，但其他团队成员评价其权力较低时，二者的差异较大，反映出权力一致性较低。反之，若成员自我评价和他人评价高度一致，则权力一致性较高。接着，为了更精确地衡量团队层面的权力一致性，本研究对所有成员的个体层面权力不一致得分进行了平均，并计算出整个团队的权力一致性得分。为消除偏差，团队层面的权力一致性得分被反向编码，使得高得分代表高一致性，而低得分代表低一致性。这一反向编码过程有助于保持测量结果的可比性和一致性，从而有效反映团队内成员对权力结构的共同认知和一致性水平。

（五）团队绩效

为了全面评估团队绩效，本研究采用了 Tjosvold、Law 和 Sun（2006）所开发的 6 题项量表进行测量。该量表已被广泛应用于团队绩效的研究，能够有效捕捉团队在工作任务执行、目标达成以及合作效率等方面的表现。量表的题项主要涵盖了以下几个维度：①任务完成情况“我们能够按时完成工作任务，甚至超额完成任务目标”。这一题项旨在衡量团队在完成工作任务的效率和质量上的表现。②团队合作效果“我们在团队内协作顺畅，能够共同解决工作中的问题”。此项反映了团队成员之间的合作和协调能力，关键在于团队内的协作氛围。③工作目标达成度“我们的团队经常能够实现设定的工作目标”。这一题项关注团队目标的实际达成情况，衡量团队是否能够有效地将设定目标转化为具体的成果。④创新和改进能力“我们能提出新的方法来改进工作流程”。此项反映了团队在持续改进和创新方面的能力，强调了团队在面对挑战时的适应性和灵活性。⑤效率与资源利用“我们的团队能够高效利用资源，减少浪费”。此项衡量了团队在工作过程中资源管理的效率，反映了团队是否具备高效利用有限资源的能力。⑥成员满意度和贡献“每个成员都能积极贡献并感到自己的工作有价值”。这一题项从个体角度评价团队的工作氛围，特别是团队成员的参与感和对工作的满意度。在本研究中，团队绩效的 Cronbach’s α 系数为 0.87，表明该量表具有较高的内部一致性和可靠性，能够稳定地测量团队绩效的不同方面。

在本研究中，所有主要变量的测量均采用 Likert-5 点量表进行计量，旨在通过团队成员的自评和他评来捕捉他们对各变量的认同程度。通过这种方式，本研究能够确保测量结果的可比性与一致性，进而有效分析各变量之间的关系。为了进一步提高研究的内部效度，本研究考虑了可能对团队过程和结果产生影响的控制变量。根据前人的研究（Lepine, Piccolo, Jackson, Mathieu & Saul, 2008; Koopmann, Lanaj, Wang, Zhou & Shi, 2016; 朱玥，等 , 2019; 季洁，等,2019），团队的规模、性别多样性、教育水平多样性和团队平均任期可能对团队的过程与绩效产生重要影响。因此，本研究在分析过程中对这些变量进行了控制，以消除其可能的干扰效应，确保各主要变量间的关系得以准确揭示。

第四节　团队冲突路径视角下团队权力负向效应的研究结果

一、数据聚合

本研究聚焦于团队层面，而部分变量（如关系冲突、任务冲突和团队绩效）是基于个体层面的测量结果，因此，必须将这些个体层面的数据聚合到团队层面，以确保分析的有效性和团队层面的总体性。为了确保聚合的合理性和有效性，本研究遵循了常用的聚合标准，具体包括Rwg、ICC(1) 和 ICC(2) 这三个指标，这些指标被广泛应用于判断数据聚合的适当性，前文已对这几项指标做了详细讲解，在此不再赘述。

根据表 5-1 提供的数据，本研究对各个变量（关系冲突、任务冲突和团队绩效）进行了聚合条件的检验。结果显示，所有相关变量的 Rwg、ICC(1) 和 ICC(2) 均符合临界条件。这些结果表明，关系冲突、任务冲突和团队绩效这三个变量在团队层面具备足够的聚合条件，可以进行团队层面的数据聚合分析。这为后续的团队层面分析提供了数据支持，也确保了分析结果的准确性和可靠性。

表 5-1　数据聚合检验结果

变量	Rwg	ICC(1)	ICC(2)
关系冲突	0.794	0.314	0.685
任务冲突	0.802	0.277	0.711
团队绩效	0.834	0.309	0.623

二、测量模型检验

为了检验本研究所构建的理论模型的合理性及其变量的测量效度，本研究采用了验证性因子分析（Confirmatory Factor Analysis, CFA）方法。验证性因子分析不仅可以帮助判断模型与数据的拟合程度，还能够验证模型的构建是否符合理论假设，进而为后续的假设检验和路径分析提供数据支持。通过验证性因子分析，我们对研究中的四因子模型（包括权力分布差异、关系冲突、任务冲突和团队绩效）进行了拟合度检验。表5-2的结果显示，四因子模型的拟合度指标均达到较好水平：① χ^2/df = 1.603：该值小于3，表明模型与数据之间的拟合良好。根据常见的拟合标准，χ^2/df 值越小，模型拟合度越好。② RMSEA = 0.064，根均方误差近似值（RMSEA）小于0.08，符合拟合良好的标准，意味着模型的拟合误差较小。③ NNFI = 0.930，CFI = 0.930，IFI = 0.931，这些常用的拟合指数（如非规范拟合指数、比较拟合指数和增量拟合指数）均大于0.90，表明模型具有较好的拟合度。这些指标反映了模型的解释力和数据的适配性，越接近1表示拟合越好。这些拟合度结果表明，四因子模型在整体上具有良好的拟合效果，能够较好地反映数据的结构特征。为了进一步检验测量模型的效度，本研究还对其他四种常见的替代模型进行了拟合度检验。包括但不限于：单因子模型、二因子模型、三因子模型以及五因子模型。结果显示，这些替代模型的拟合度较差，与四因子模型的差异显著。这些结果进一步验证了四因子模型的优越性，表明各个变量（权力分布差异、关系冲突、任务冲突和团队绩效）之间存在较好的区分效度，即各个概念是独立的、可区分的。

表5-2 验证性因子分析结果

模型	χ^2/df	RMSEA	NNFI	CFI	IFI
PD; RC; TC; PC; TP	1.603	0.064	0.930	0.930	0.931
PD; RC; TC; PC+TP	2.142	0.109	0.872	0.872	0.873
PD; RC; TC+PC+TP	3.722	0.175	0.832	0.833	0.833
PD; RC+TC+PC+TP	4.164	0.266	0.786	0.785	0.786
PD+RC+TC+PC+TP	6.321	0.307	0.745	0.744	0.745

注：PD=权力分布差异；RC=关系冲突；TC=任务冲突；PC=权力一致性；TP=团队绩效

三、描述性统计

表 5-3 展示了包括控制变量在内的 9 个变量的均值、标准差和相关系数。描述性统计分析是为进一步了解变量之间的关系以及各变量的分布特征提供初步的统计概览。根据表 5-3 的数据显示，权力分布差异、关系冲突、任务冲突与团队绩效之间存在若干显著的相关性。具体而言：①权力分布差异与关系冲突显著正相关（r =0.227, P<0.01），表明团队内部权力分布差异较大的情况下，团队成员之间容易出现较多的关系冲突。这一结果符合预期，权力差异过大可能引发成员间的不满、摩擦或权力争斗，从而增加关系冲突的发生频率。②权力分布差异与任务冲突显著负相关（r=−0.157, P < 0.05），这一关系表明在权力分布差异较大的团队中，成员之间的任务冲突相对较少。这一结果可能反映了，尽管权力差异较大，但这种差异可能促进了对工作目标的明确界定，减少了因不同的任务目标或职责模糊而产生的冲突。③关系冲突与团队绩效呈显著负相关（r=−0.312, P < 0.01），这一相关性表明，关系冲突越多，团队绩效越差。这一结果进一步验证了关系冲突对团队合作和任务执行的负面影响。团队成员之间的信任和协作被破坏时，团队的工作效率和成果往往会受到显著影响。④任务冲突与团队绩效呈显著正相关（r=0.125, P < 0.05），这一结果表明适度的任务冲突可能有助于提升团队绩效。任务冲突涉及对工作任务、方法和解决方案的讨论，适度的任务冲突能够激发团队成员的创新思维和问题解决能力，进而提升团队的整体表现。同时，表 5-3 中的相关性也反映了控制变量（如团队规模、性别多样性、教育水平多样性等）与各主要变量之间的关系。通过控制这些变量，研究能够更精确地识别出权力分布差异、团队冲突及其对团队绩效的影响，而不受其他潜在因素的干扰。

表 5-3　描述性统计结果

变量	M	SD	TZ	GD	ED	TS	PD	RC	TC	PC	TP
TZ	5.661	1.173	1.000								
GD	0.247	0.062	0.093	1.000							
ED	0.287	0.064	0.044	0.049	1.000						
TS	1.611	0.605	0.043	0.006	0.039	1.000					
PD	0.244	0.065	−0.085	−0.061	−0.024	−0.055	1.000				
RC	3.613	0.512	0.020	−0.049	0.039	−0.121*	0.227**	1.000			
TC	2.456	0.493	−0.022	0.106	0.063	−0.006	−0.157*	0.017	1.000		
PC	0.758	0.074	−0.018	0.053	0.043	−0.021	0.124*	0.187**	0.029	1.000	
TP	3.871	0.418	−0.009	−0.046	−0.037	−0.068	0.173**	−0.312**	0.125*	0.102*	1.000

注：*P ＜ 0.05；**P ＜ 0.01；TZ= 团队规模；GD= 性别多样性；ED= 教育水平多样化；TS= 团队任期；PD= 权力分布差异；RC= 关系冲突；TC= 任务冲突；PC= 权力一致性；TP= 团队绩效

四、假设检验

（一）关系冲突的中介作用

首先，团队绩效对权力分布差异进行线性回归得到模型 M_1，根据 M_1 可以判断出本模型中权力分布差异对团队绩效的总效应是显著正向的（$\beta = 0.151$，$P < 0.05$）。其次，关系冲突对权力分布差异进行线性回归得到模型 M_4，根据 M_4 可以知道权力分布差异对关系冲突具有显著正向影响（$\beta = 0.322$，$P < 0.01$）。再者，团队绩效对权力分布差异和关系冲突同时进行线性回归得到模型 M_2，根据模型 M_2 可以知道关系冲突对团队绩效作用显著（$\beta = -0.317$，$P < 0.01$），且权力分布差异对团队绩效作用依然显著（$\beta = 0.131$，$P < 0.05$）。因此，可以判断关系冲突在权力分布差异与团队绩效关系间起部分中介作用，H_1 得到验证。

（二）任务冲突的中介作用

首先，任务冲突对权力分布差异进行线性回归得到模型 M_7，根据 M_7 可以知道权力分布差异对任务冲突具有显著正负向影响（$\beta = -0.132$，$P < 0.05$）。其次，团队绩效对权力分布差异和任务冲突同时进行线性回归得到模型 M_3，根据模型 M_3 可以知道任务冲突对团队绩效作用显著（$\beta = 0.173$，$P < 0.01$），且权力分布差异对团队绩效作用依然显著（$\beta = 0.116$，$P < 0.05$）。因此，可以判断任务冲突在权力分布差异与团队绩效关系间起部分中介作用，H_2 得到验证。

（三）权力一致性的调节效应

1. 权力一致性在权力分布差异与关系冲突关系中的调节作用

首先，在 M_4 的基础上加入权力一致性进行回归得到 M_5。然后，在 M_5 的基础上加入交互项（权力分布差异 × 权力一致性）再进行线性回归得到 M_6，根据 M_6 可以发现交互项对关系冲突的作用显著（$\beta = -0.167$，$P < 0.01$）。这表明权力一致性在权力分布差异与关系冲突关系中起到负向调节作用，即权力一致性水平越高，权力分布差异对关系冲突的正向作用越弱，反之权力一致性水平越低，权力分布差异对关系冲突正向作用越强，H_3 得到验证（具体见图 5-2）。

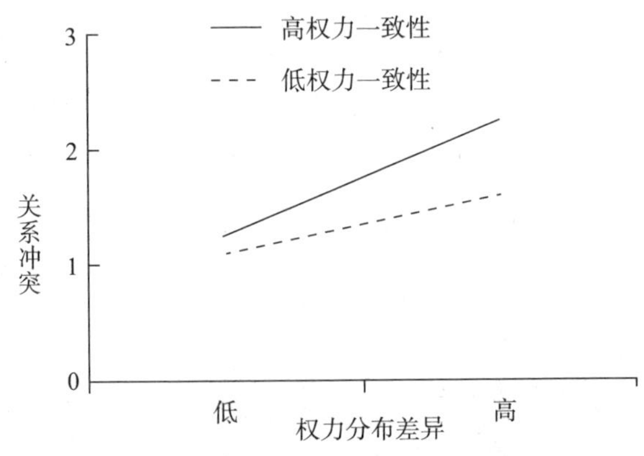

图 5-2　权力一致性对权力分布差异与关系冲突关系的调节

2. 权力一致性在权力分布差异与任务冲突关系中的调节作用

首先，在 M_7 的基础上加入权力一致性进行回归得到 M_8。接着，在 M_8 的基础上加入交互项（权力分布差异 × 权力一致性）再进行回归得到 M_9，根据 M_9 可以发现交互项对任务冲突作用显著（$\beta = -0.135$，$P < 0.05$）。这表明权力一致性在权力分布差异与任务冲突关系中起到负向调节作用，即权力一致性水平越高，权力分布差异对任务冲突的负向作用越弱，反之权力一致性水平越低，权力分布差异对任务冲突的负向作用越强，也即 H_4 得到支持（具体可见图 5-3）。

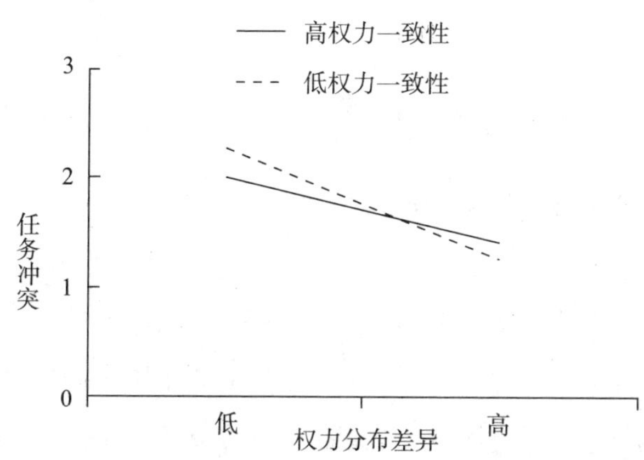

图 5-3　权力一致性对权力分布差异与任务冲突关系的调节

表 5-4　中介效应和调节效应分析结果

变量	TP			RC			TC		
	M_1	M_2	M_3	M_4	M_5	M_6	M_7	M_8	M_9
TZ	0.032	0.031	0.037	0.005	0.012	0.014	−0.063	−0.057	−0.055
GD	−0.024	−0.022	−0.027	0.029	0.001	−0.118	0.040	0.011	0.013
ED	0.000	0.000	−0.025	0.033	0.029	0.037	0.045	0.041	0.040
TS	−0.031	−0.030	−0.027	−0.025	−0.021	−0.085	−0.050	−0.046	−0.049
PD	0.151*	0.131*	0.116*	0.322**	0.224**	0.164**	−0.132*	−0.130*	−0.144*
RC		−0.317**							
TC			0.173**						

续 表

变量	TP			RC			TC		
	M_1	M_2	M_3	M_4	M_5	M_6	M_7	M_8	M_9
PC					0.188**	0.285**		0.187**	0.233**
PD*PC						−0.167**			−0.135*
R^2	0.046	0.290	0.051	0.059	0.094	0.120	0.152	0.186	0.184
ΔR^2	−0.039	0.239	−0.053	−0.025	−0.005	0.006	0.076	0.097	0.080

注：*P < 0.05；**P < 0.01；TZ= 团队规模；GD= 性别多样性；ED= 教育水平多样化；TS= 团队任期；PD= 权力分布差异；RC= 关系冲突；TC= 任务冲突；PC= 权力一致性；TP= 团队绩效

（四）被调节的中介效应检验

1. 关于关系冲突中介作用的调节效应

5000 次拔靴法结果显示，95% 的置信区间为［0.016，0.032］，不包括 0，被调节的中介效应显著（见表 5-5）。再采用蒙特卡洛分析进行再次检验，结果显示权力一致性调节团队协调的中介效应 95% 置信区间为［0.021，0.078］，不包含 0，可见被调节的中介效应显著，H_5 得到验证。

表 5-5 关系冲突被调节的中介效应分析结果

	估计值	标准误	95% 置信区间
高权力一致性	0.037	0.024	［0.014，0.052］
低权力一致性	0.030	0.022	［0.018，0.037］
被调节的中介	0.033	0.019	［0.016，0.032］

2. 关于任务冲突中介作用的调节效应

5000 次拔靴法结果显示，95% 的置信区间为［0.011，0.053］（见表 5-6），被调节的中介效应显著。同样采用蒙特卡洛分析进行再次检验，结果表明权力一致性调节团队冲突的中介效应 95% 置信区间为［0.060，0.149］，不包含 0，可见被调节的中介效应显著，H_6 得到验证。

表 5-6　任务冲突被调节的中介效应分析结果

	估计值	标准误	95% 置信区间
高权力一致性	0.036	0.017	［0.007，0.049］
低权力一致性	0.040	0.020	［0.018，0.061］
被调节的中介	0.045	0.024	［0.011，0.053］

第五节　团队冲突路径视角下团队权力负向效应的研究结论与启示

一、研究结论

本研究通过对浙江省多个企业的团队样本进行实证分析，揭示了权力分布差异、团队冲突、权力一致性与团队绩效之间的复杂关系。研究得出以下主要结论。

（一）团队冲突在权力分布差异与团队绩效关系中的部分中介作用

权力分布差异通过激化团队成员之间的竞争行为和对团队内部权力结构的不同感知，导致关系冲突的增加。成员因感知到的权力不公平和不平等感，可能产生负面情绪（如愤怒、嫉妒等），从而对团队内的人际互动和合作产生不利影响。关系冲突的增加最终会损害团队的合作氛围和绩效，表明关系冲突在权力分布差异与团队绩效的关系中起到了部分中介作用。另外，权力分布差异还通过影响团队的心理安全感，降低了团队成员间对任务的讨论和有效沟通，最终导致任务冲突水平的下降。尽管任务冲突在适度时对团队绩效有促进作用，但由于高权力差异引发的消极情绪和对团队目标的误解，任务冲突有时会转化为无效冲突，进一步影响团队的决策效率和执行力，降低团队整体绩效。因此，任务冲突在权力分布差异与团队绩效的关系中也发挥了部分中介作用。

（二）权力一致性在权力分布差异与团队绩效关系中的调节作用

本研究发现，权力一致性在缓解权力分布差异对团队绩效的负面影响方面具有显著的调节作用。当团队成员之间对团队权力结构的认知高度一致时（即高权力一致性），权力分布差异带来的负面效应会减弱。具体来说，团队成员对于自己在团队中的权力位置的认知更加明确，彼此对权力界限有更清晰的认识，从而减少了僭越权力的行为和由此产生的关系冲突。这样一来，团队内的稳定性得以提升，成员间的信任和协作也得到加强，进而提升团队绩效。而且，在高权力一致性环境下，团队成员的自信预期得以增强，他们对团队合作的期望也更为一致。这种一致性帮助减少了团队行动的不确定性，并为团队成员间的互动和协调提供了共同的内部脚本。与此同时，高权力一致性还能够促进团队内的良好沟通，减少因信息不对称或理解差异带来的任务冲突，增强任务冲突的建设性影响。因此，高权力一致性不仅能够缓解关系冲突对团队绩效的负面影响，还能够促进信息共享和团队协作，提升团队的整体表现。

二、理论贡献

本研究在权力分布差异、团队冲突、权力一致性与团队绩效之间的关系上进行了深入探讨，为相关理论的发展和应用提供了新的视角和启示，具体的理论贡献如下。

（一）揭示了权力冲突理论下权力分布差异对团队绩效的消极影响机制

本研究有效揭示了权力分布差异对团队绩效的消极影响机制，并通过权力冲突理论深化了这一关系的理解。尽管权力功能主义关注的是权力对团队行为的积极作用（如促进合作、提高决策效率等），但权力冲突理论则强调，权力分布差异可能导致团队成员之间的冲突，进而影响团队绩效（Greer, 2014）。然而，基于权力冲突理论，关于权力分布差异如何消极影响团队绩效的研究仍相对较少。因此，本研究将团队冲突（关系冲突和任务冲突）作为中介变量，权力一致性作为调节变量，构建了一个系统的理论模型，解释了权力分布差异如何通过冲突机制对团队绩效产生负面影响。具体来说，本研究发现，权力分布差异引发的团队冲突（无论是关系冲突还是任务冲突）在权力分布差异与团队绩效之间起到了关键的中介作用。进一步地，本研究还探讨了在权力一致性这一变量作用下，权力分布差异的负面影响如何得到缓解。与以往的研究不同，本研究进一步区分了不同类型的冲突（关系冲突和任务冲突），并阐明了它们在解释权力分布差异对团队绩效的消极影响中的作用，为未来研究不同类型冲突（如地位冲突、任务角色冲突等）对团队绩效的影响提供了新的研究思路和框架。

（二）从权力本身角度拓展了权力分布差异效用边界的研究

本研究还从权力本身的角度拓展了对权力分布差异效用边界的研究。现有研究中，关于权力分布差异效用的研究多集中于团队结构、任务类型、领导特征等因素的调节作用（谢江佩，等，2020），但较少涉及权力本身因素对权力分布差异效用的影响。实际上，权力本身对团队内部的分布差异以及团队的行为过程产生重要影响（Greer, 2014；卫旭华，张怡斐，2022）。在这一研究方向上，权力感知，特别是权力一致性和合法性，已被认为是影响权力分布差异效用的关键因素（Lammers et al., 2008）。基于这一理论背景，本研究将权力一致性作为调节变量，探讨了其在权力分布差异对团队绩效的影响中所起到的调节作用。具体而言，本研究证实，团队内部高权力一致性能够有效缓解因权力分布差异所带来的团队冲突，并能够降低这种冲突对团队绩效的负面影响。这一发现表明，团队中权力的感知一致性水平与团队成员对权力分布的认知一致性有助于提升团队稳定性，减少冲突，并最终促进团队绩效的提升。因此，本研究扩展了权力分布差异效用的研究边界，并进一步验证了权力一致性作为调节因素对团队行为和绩效的重要作用。

三、实践启示

本研究不仅为学术领域提供了新的理论视角，也为企业和组织的实际管理实践提供了有价值的启示。以下是本研究的两个主要实践启示。

（一）区分并利用不同类型冲突

在传统的权力冲突理论中，团队冲突往往被视为一个单一的负向变量，普遍认为冲突对团队绩效产生消极影响（Greer et al., 2017）。然而，经典文献（如 Jehn, 1995）已将冲突区分为关系冲突和任务冲突，并指出这两类冲突对团队绩效的影响是不同的。本研究的实证研究证实了任务冲突与关系冲突的不同影响，发现任务冲突对团队绩效具有正向影响，而关系冲突则存在负向影响。因此，企业在团队管理中应当注意区分并合理利用这两种冲突类型。①避免和化解关系冲突：关系冲突通常源于个体之间的情感和个人冲突，容易激化团队内部的不和谐氛围，进而损害团队的凝聚力和合作精神。企业应当通过营造和谐的团队氛围，强调团队成员间的相互尊重和信任，建立有效的争端解决机制，及时化解因个性差异或误解引发的关系冲突。通过团建活动、团队沟通培训等手段，促进团队成员之间的情感联系和理解。②积极激发和管理任务冲突：任务冲突指的是与工作内容、工作方式、决策过程等相关的冲突，通常会激发团队成员的创新思维，促进问题的多角度讨论，有助于提升团队的决策质量和绩效。企业可以通过建立常规的交流和反馈机制，允许和鼓励团队成员提出不同的意见和建议，以便激发任务冲突，同时确保这些冲突不会演变为关系冲突。明确团队目标、规范讨论规则和加强任务相关的培训，有助于将任务冲突转化为提升团队绩效的动力。

（二）重视权力一致性的作用

权力一致性是指团队成员对权力分布和等级的看法是否一致。若团队成员对各自权力等级的认知不一致，可能会导致对团队目标和合作方式的不同理解，从而影响团队的协作和绩效（Anderson et al., 2008；Greer, 2014）。本研究通过实证分析表明，高水平的权力一致性能够有效减少团队冲突，并最终提升团队绩效。基于此，企业在团队管理中应当特别重视权力一致性。①提升权力一致性：企业可以通过公开、透明的权力分配制度，明确各个团队成员的职责和权力边界，确保团队成员对权力结构有清晰且一致的认知。例如，在团队组建之初，明确团队领导和成员的权力范围，以及权力决策机制和流程，以帮助团队成员形成对自己和他人权力角色的正确理解。②优化权力认知与文化建设：权力一致性不仅依赖于制度的设计，还需要在团队文化和成员认知层面得到强化。企业应通过组织文化建设、团队培训等手段，促进团队成员在权力结构上的认同感和一致性。具体而言，企业可以制定一套规范化的权力等级制度或设计迁移规范，帮助团队成员理解和接受不同权力角色的合理性。同时，企业还应针对涉及不同职责和权力基础的工作设计提供解决方案，减少团队成员之间在同一权力基础上的竞争，避免产生权力不一致的情况。③针对性解决权力不一致问题：当团队成员对权力分布的看法不一致时，可能导致团队成员之间的竞争、矛盾和不信任，从而影响团队的协作和绩效。企业应当采取措施，解决这些权力不一致的问题。可以通过定期的权力认知评估、团队成员反馈机制等方式，及时识别并解决权力认知偏差，从而增强团队内部的稳定性和凝聚力。

四、研究不足与研究方向

（一）样本数据的局限性

研究样本仅来源于62个团队的数据，样本容量相对较小。这可能导致研究结论的普适性和可靠性受到一定影响。例如，样本的地理分布、行业背景、团队规模等方面的差异，可能会导致研究结果的偏倚，无法全面反映不同类型团队的实际情况。因此，在未来的研究中，应进一步扩大样本规模，增加不同类型企业和团队的数据，以提高研究结果的广泛适用性和可靠性，尤其是增加可以涵盖更多地区、行业及文化背景的企业样本，进一步验证本研究结果的外部效度。

（二）权力一致性之外的边界条件

尽管探讨了权力一致性在权力分布差异与团队绩效关系中的调节作用，并丰富了关于权力分布差异效用边界条件的研究，但权力一致性只是其中的一个边界条件。实际上，影响权力分布差异与团队绩效关系的因素是多元的，如团队内部的合作规范、团队沟通方式、领导行为等，都可能发挥重要作用（Greer et al., 2011）。因此，未来的研究应进一步探索其他可能的边界条件，尤其是团队内部合作规范（如团队规则、角色分配与协作规范）的作用，这些因素在不同团队情境中可能产生不同的效果。同时，权力一致性的影响可能因文化背景、社会规范等因素而有所不同，因此应结合跨文化背景，探讨在不同文化情境下权力一致性和其他调节变量如何影响团队绩效（Greer et al., 2018；谢江佩，等，2020）。

（三）冲突类型的单一划分与进一步细化

虽然区分了关系冲突和任务冲突两种类型，并验证了它们在权力分布差异与团队绩效关系中的中介作用，但这一划分较为简单，并不能全面反映不同类型冲突对团队绩效的多维影响。现有研究表明，团队内部的冲突具有多样性和复杂性，除了关系冲突和任务冲突外，地位冲突、利益冲突、行为冲突等也是影响团队合作的重要因素（Greer et al., 2011；Ma, Yang, Wang, Li, 2017）。在权力分布差异较大的团队中，地位冲突尤其值得关注，因为争夺权力和地位的冲突往往会在团队中产生深远影响（Bendersky,

Hayes, 2012）。因此，未来的研究可以从更广泛的角度区分不同类型的团队冲突，探讨包括地位冲突、利益冲突、行为冲突等在内的冲突类型，并将它们纳入研究模型中，进一步揭示这些冲突如何在权力等级团队中影响团队绩效。同时，未来研究还应结合冲突的动态过程，研究不同类型冲突在团队发展不同阶段的作用机制。例如，初期的任务冲突可能促进创新和决策质量，而长期的关系冲突则可能导致团队士气低落和绩效下降。因此，对冲突的动态视角，尤其是在团队生命周期中的作用机制，值得进一步探索。

第六章 团队权力负向效应：权力争夺路径解释机制研究

第一节 基于权力争夺路径视角的研究背景

长期以来，权力一直被认为是社会和组织关系中的一个基本要素（Lammers, Galinsky, 2009）。虽然学术界已普遍认可个体层面上权力的重要性，但在团队层面，尤其是当权力集中于个别成员，即存在显著的权力分布差异时，是否对团队绩效有正面或负面影响，学者们提出了不同的理论观点。权力功能主义理论认为，适度的权力分布差异能够通过促进群体成员的角色分化、明确团队内部分工以及提升团队内部协调性来增强团队效能（Halevy, Chou, Galinsky, 2011；Avelino, 2021）。根据这一观点，权力的适当分配不仅不会对团队绩效产生负面影响，反而能够提高团队的工作效率，优化协作流程。而与此相对，权力冲突理论则认为，过度的权力分布差异会导致团队成员之间的分裂和权力争斗，进一步激发团队内部的冲突，最终破坏团队的合作氛围和整体绩效（Greer, Van Kleef, 2010；Zhao, Greer, 2017）。在这种框架下，权力分布差异可能加剧成员间的竞争与敌对情绪，从而限制信息共享，妨碍团队的协作和创新，最终导致绩效下降。那么，权力分布差异究竟是促进团队绩效，还是对其产生不利影响呢？多项元分析研究表明，权力分布差异对团队绩效的平均影响倾向于消极（Greer, De Jong, Schouten et al., 2018; Greer, Van Bunderen, Yu, 2017）。此外，Zhu 等（2019）基于中国情境的实证研究也验证了，权力分布差异对团队绩效的主效应为负，反而权力分布较为平等的团队结构更有助于团队与组织的成功。这些研究结果为权力冲突理论提供了强有力的支持，并对权力功能主义的观点提出了挑战，揭示了过度权力集中可能带来的潜在消极后果。因此，深入分析权力分布差异对团队绩效的负面效应及其潜在的影响机制，显得尤为重要。这一研究不仅具有理论价值，也为实际组织管理中的团队设计和权力分配提供了重要的启示。

在权力冲突理论的框架下，团队冲突被视为解释权力分布差异负面影响的关键因素（Edmondson, 2002；Van der Vegt, De Jong, Bunderson, Molleman, 2010；Greer et al., 2018；Greer et al., 2017；朱玥，等，2019）。然而，权力分布差异是否必然激发团队冲突呢？有研究指出，权力分布差异并非总是会导致冲突。相反，它可能通过提供稳定的团队秩序和内部协调机制来缓解团队冲突（Tarakci, Greer, Groenen, 2016）。此外，权力分布差异可能同时通过冲突和协调的双重路径对团队结果产生影响（Greer, De Jong, Schouten et al., 2018）。这一观点表明，权力分布差异引发团队冲突是有条件的，关键在于团队内部的过程路径选择（Anderson, Brown, 2010；Greer et al., 2017）。研究者进一步指出，权力分布差异之所以可能导致团队冲突，主要是因为它激发了团队内部的权力争夺行为（季洁，等，2019；Greer, 2014；Greer et al., 2017）。在缺乏权力争夺的团队中，权力分布差异反而可能通过促进团队内部的协调作用，提升团队绩效（Greer et al., 2017）。具体而言，权力争夺是指团队成员为了获得对团队资源的相对控制权而展开的争夺行为（Greer, Van Kleef, 2010）。这种争夺行为是以权力分布差异为前提的，权力均衡的团队则不存在权力争夺的动机（Greer et al., 2017）。与其他已知形式的团队内部冲突驱动因素不同，权力争夺的核心在于争夺者希望通过改变资源分配的相对水平，增加自己控制的资源数量（Greer, Van Kleef, 2010；Greer et al., 2017）。显然，在资源有限且具有博弈特征的情境中，权力争夺者的目标往往是冲突的，因为其需求是相互矛盾的。在权力争夺的过程中，为了最大化个人的权力利益，权力争夺者可能采取强制、威胁或对抗等策略。这些行为自然会削弱团队成员之间的协作关系，导致团队内部关系的不稳定，最终激化团队冲突（Deutsch, 2014）。因此，权力分布差异导致团队冲突的关键因素在于权力争夺过程路径的选择。当团队成员之间未发生权力争夺时，权力分布差异反而能够通过促进内部协调来增进团队的整体效能。

权力分布差异之所以会导致权力争夺，是因为当群体成员所控制的资源数量不对称时，他们会对权力的公平性产生质疑（Porath, Overbeck, Pearson, 2008）。这种对权力公平性的质疑与群体成员对权力结构的认知和态度密切相关（Liu, Yang, Nauta, 2013；Anicich, Swaab, Galinsky, 2015）。具体来说，当群体成员认可并接受现有的权力结构时，他们往往视权力的分布差异为组织中的正常制度安排。这种认同会促使他们支持和接受组织的各项安排（包括任务分配和资源配置），因为他们相信通过这种方式能够获得有益的回报，质疑或反对只会导致被领导者的报复和同事的孤立。相反，当群体成员对权力结构安排感到不满时，他们倾向于采取对抗、破坏等竞争行为，企图调整自己在组织中的地位和权力份额（Anicich, Swaab, Galinsky, 2015；Korman, Van Quaquebeke,

Tröster, 2022）。权力距离作为个体对权力结构的信念，反映了团队成员整体上对权力分布现状的认可和接受程度（Appelbaum, Lockeman, Orr et al., 2020; Cole, Carter, Zhang, 2013）。它会显著影响团队成员对权力分布差异的认知和态度（Liu, Yang, Nauta, 2013）。研究也表明，权力距离是权力作用的一个重要边界条件（Anicich et al., 2015）。当权力距离较高时，团队成员通常对权力分布结构具有较高的认可度，这种情况下，权力分布差异更多地发挥功能性作用，促进团队内部的角色分工，并帮助团队形成和谐融洽的氛围（Robert, Probst, Martocchio, 2000；Adamovic, 2022）。然而，当权力距离较低时，团队成员对权力分布的不公平现象更加敏感，且对权力的需求较高。此时，他们更倾向于采取竞争手段来挑战和质疑权威，并要求对权力进行重新分配（Yang, Mossholder, Peng, 2007；廖建桥，赵君，张永军，2010；Wang, Fränti, 2022）。这种行为必然会影响团队内部不同权力阶层之间的对立关系，激化团队成员间的矛盾和冲突。因此，权力距离在一定程度上可能影响权力分布差异对权力争夺的作用，进而影响到团队内部冲突的程度。具体而言，在权力距离较高的情况下，成员通常更容易接受权力分布差异，因此这种差异较少导致冲突。而在权力距离较低的情况下，成员对权力不均的敏感性和需求会促使他们更积极地争夺资源，从而可能导致更多的团队冲突。

第二节　权力争夺路径视角下团队权力负向效应的研究框架

一、权力争夺的中介作用

在群体中，当个别人拥有较高权力而其他人拥有较少权力时，就会发生权力分布差异的现象（谢江佩，2020），且这种现象在组织和社会环境中无处不在，具有普遍性。到目前为止，越来越多的研究表明，权力分布差异的存在会增加群体内部对有价值资源的控制竞争，并损害群体绩效（Greer,Van Kleef，2010；Greer et al., 2017；Van Bunderen, Greer, Van Knippenberg, 2018；季洁，2019；Greer, Chu, 2020）。有价值资源，尤其是权力资源往往具有稀缺性和竞争性，个别成员寻求权力的同时，就意味着相应成员权力的减少。因此，为了保护和巩固自身的权力与地位，以应对他人感知到的权力变动，避免自己成为牺牲品，群体成员之间往往会展开激烈的权力争夺（Anderson, Brion, 2014；Anicich, Fast, Halevy, et al., 2016; Van Bunderen et al., 2018）。权力分布差异水平越高时，这种权力争夺行为越激烈，甚至会演变为派系斗争，因为权力分布差异水平越高，权力层级结构越缺乏稳定性，缺乏稳定性的层级结构容易激发团队成员的自利行为，造成团队成员间为了权力而相互竞争和冲突（Hays, Bendersky, 2015）。反过来，在权力分布差异水平较低的团队中，权力争夺似乎要少得多（Jehn, Rispens, Jonsen, Greer，2013）。Van Bunderen、Greer 和 Van Knippenberg 等（2018）也证实了在权力分布不平等的团队中，成员会有不同的利益诉求，高权力者会倾向于保护自身的既得权力，低权力者倾向于提高自己的权力，他们之间利益诉求的不一致往往容易激发权力争夺行为。

权力争夺反映了群体成员可能会公开或隐蔽地试图改变权力结构的行为过程，包括改善自己的权力地位或挑战他人的权力地位（Wee, Liao, Liu，2017）。根据社会互依理论（Johnson, Johnson, 2005），改善自己权力地位往往与他人维护自己的权力地位相抵触，当团队成员间的目标寻求相互抵触时，合作关系就会遭到破坏，对立与冲突就会显现。且在权力争夺过程中，团队成员通常会采取强制、威胁和欺骗等策略，这会导致团队内部的结盟、监视和背叛等政治行为，从而激化团队内部冲突（Greer et al., 2011）。权力争夺还会造成团队成员之间的对立和敌意（Ravestein, Mooijman, 2015），破坏团队成员的心理安全性（De Hoogh,

Greer, Den Hartog, 2015）和团队内部信任（De Jong, Elfring, 2010），在团队内部形成竞争、紧张的气氛。

研究进一步指出，权力争夺过程能够体现在不同类型冲突上，包括任务冲突和关系冲突（Greer et al., 2011; Greer et al., 2017)。由于任务目标和结果与最终的资源、权力分配密切相关，为获得更多权力或保留原有优势，低权力者与高权力者在任务相关议题上表现出差异（Greer et al., 2017）。同时，自我权力的寻求也可能导致成员间关系紧张，并使成员表现出一定的竞争和攻击行为，引发关系冲突（Jehn, Northcraft, &Neale, 1999）。

综上所述，权力分布差异会激发团队内部权力争夺，权力争夺又会引发团队内部的冲突（包括关系冲突和任务冲突），可见权力分布差异会基于权力争夺的路径影响团队冲突（包括关系冲突和任务冲突）。因此，本研究提出以下假设。

H_1：权力争夺在权力分布差异与团队冲突（包括关系冲突和任务冲突）之间起中介作用，权力分布差异会通过激发团队内部权力争夺引发团队冲突（包括关系冲突和任务冲突）。

二、权力距离的调节作用

权力距离，作为文化价值观中的重要维度，描述了团队成员对于权力分布不平等的接受程度，反映了他们对权力再分配的态度与意愿（Hu, Erdogan, Jiang, et al., 2018）。权力距离不仅是权力结构的核心特征之一，也是影响团队过程的重要边界条件，能够在一定程度上促进或阻碍团队内部的互动与合作（Jackson, Joshi, Erhardt, 2003；Shen, Chou, Schaubroeck, 2019；谢江佩，等，2019）。具体来说，当权力距离较低时，团队成员对不公平的权力分布感知更为敏感，通常不容易接受现有的权力结构，容易质疑甚至反抗高权力者的权威（Kirkman, Chen, Farh, et al., 2009），并倾向于通过竞争或对抗的方式要求重新分配权力资源

（Wang, Guan, 2018）。这一过程通常会引发来自高权力者的报复，进一步激化团队内部的权力争夺，从而加剧团队的冲突和对立。相对而言，权力距离较高时，团队成员对权力分布不平等的现象通常表现出较高的容忍度，认为这种不平等是团队结构的一部分，甚至会将其视为个人角色的自然规范（Kirkman et al., 2009）。这种文化环境使得团队成员更加愿意接受并服从领导的决策，从而有助于形成和谐的团队氛围，减少成员间的竞争、排斥和对权力不公平的感知（文巧甜，郭蓉，夏健明，2020）。此外，高权力距离下，权力分布差异往往能够促进团队成员的角色分化（包艳，廖建桥，2019），这一分化有助于优化团队内部分工，减少任务冲突和关系冲突，从而有效缓解因权力争夺引发的矛盾。

基于以上分析，权力距离的水平被认为在权力分布差异与权力争夺之间起到了关键的调节作用。特别是在高权力距离的团队中，权力分布差异所引发的权力争夺行为相对较少，进而降低了团队内部的冲突水平。因此，本研究提出以下假设。

H_2：权力距离在权力分布差异与权力争夺之间起调节作用，权力距离水平越高，权力分布差异对权力争夺的正向关系就越会得到抑制。

进一步地，本研究认为，权力距离还调节了权力争夺在权力分布差异与团队冲突（包括关系冲突和任务冲突）之间的中介作用。在高权力距离的环境下，权力争夺在权力分布差异和团队冲突之间的影响将得到抑制，团队内部的冲突水平也随之降低。因此，本研究提出整合性假设。

H_3：权力距离调节了权力争夺在权力分布差异与团队冲突（关系冲突和任务冲突）间的中介作用，即权力距离水平越高，权力分布差异通过权力争夺行为对团队冲突（关系冲突和任务冲突）的负向影响就越弱。

综上得出本研究的理论研究模型，具体见图 6-1。

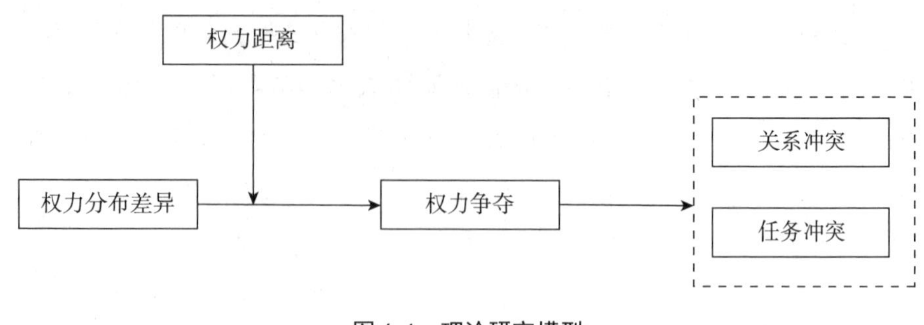

图 6-1 理论研究模型

第三节 权力争夺路径视角下团队权力负向效应的研究设计

一、研究对象

考虑到数据的可得性和真实性，本研究采用了方便抽样法（Convenient sampling method）进行问卷调研。为了确保调研数据的准确性和可信度，本研究在量表设计、问卷发放及回收过程中采取了一系列控制措施。首先，调研对象选定了来自浙江、广东、江苏三省的 27 家不同类型企业，涵盖了生产、营销、技术研发、人力资源和售后服务等多个部门，确保了样本的多样性与代表性。其次，在量表设计过程中，基于研究主题及相关理论框架，确认了量表的基本内容，确保所用量表符合理论需求和研究目标。除了控制变量外，研究中主要变量均采用了国内外经过验证的成熟量表，同时根据本研究的特定需求，对量表题目进行了适当的调整。问卷调查采用现场发放与回收相结合的方式进行。为了确保数据的严谨性与问卷填写的规范性，课题组成员在调研前对参与人员进行了详细培训，解释了研究目的与调查流程，并特别强调了问卷的匿名性，确保参与者能够真实、客观地回答问题。本研究的问卷调研于 2022 年 9 月至 12 月期间进行，共发放问卷 483 份，涵盖 93 个团队，调研对象为不同行业和背景的企业。通过对填写存在规律性错误或数据缺失的无效问卷进行剔除，最终有效回收问卷 426 份，涵盖 82 个团队，有效回收率达到 88.20%。具体情况见下表 6-1。

表 6-1　样本分布（*N*=243）

变量	项目	频率（人）	比例
性别	男	279	65.49%
	女	147	34.51%
教育程度	研究生	77	18.08%
	本科	239	56.10%
	大专及以下	110	25.82%
团队工作年限	≥ 3 年	33	40.24%
	1–3 年	35	42.69%
	< 1 年	14	17.07%
团队规模	≥ 10 人	6	7.32%
	6–9 人	42	51.22%
	3–5 人	34	41.46%

二、变量测量

（一）权力分布差异

为了全面衡量团队内部的权力分布差异，本研究参考了朱玥等（2019）研究中的轮转法问卷设计方法。具体的操作步骤如下：首先，团队中的每位成员需要对其所在团队其他成员的权力水平进行评价。评价题项为“我认为该同事在团队中拥有多少权力（例如，他 / 她是否在资源控制方面具有不对称的优势，是否能够让他人执行自己的意图）”。此题目旨在衡量团队成员在资源控制和决策能力方面的差异。所有评分均采用 Likert 五点量表进行计量，通过这种方式，团队成员可以依据自己的观察和经验对其他成员的权力水平进行打分。接下来，针对每个成员，计算其所在团队中其他成员对其权力水平评价的平均值，从而得出该成员在团队中的权力评分。通过这种方式，能够看出每个成员在团队中的相对权力地位。一旦所有成员的权力水平被计算出来，便可以通过计算这些评分的离散系数（Coefficient of Variation, CV）来反映团队内部的权力分布差异。离散系数是权力分布差异的关键指标，反映了团队内部权力分配的均衡程度。具体而言，离散系数越大，说明团队内成员间的权力差异越显著，权力分布越不平衡；反之，离散系数较小则表明团队内部的权力分布较为平衡，成员间的权力差异较小。这种方法通过结合个体评价与团队整体评价，能够较为全面地衡量团队内部的权力差异，并为后续分析团队权力结构与团队行为之间的关系提供可靠的数据支持。

（二）权力争夺

本研究权力争夺行为的测量借鉴了 Greer 和 Van Kleef（2010）所开发的量表，旨在衡量团队成员在面对权力分布差异时为争夺团队控制权而采取的行为。该量表通过 3 个核心题项进行测量，包括“团队成员为了团队的控制权而彼此竞争”。题目通过 Likert 五点量表进行评分，每个成员根据自己对团队内其他成员行为的观察来评价这些行为的频率和强度，通过这种方式能够系统地评估权力争夺行为的出现和程度。根据 Greer 和 Van Kleef（2010）的研究，权力争夺量表的 Cronbach’s α 系数为 0.89，表明该量表具有较高的内部一致性和信度，能够有效地衡量团队中的权力争夺行为。

（三）权力距离

在本研究中，权力距离的测量采用了 Clugston、Howell 和 Dorfman（2000）开发的量表，该量表旨在衡量团队成员对权力结构的认知和态度，特别是下级成员对上级决策权威的接受程度以及对不平等权力分配的容忍度。该量表包括“下级对决策的支持度”等 6 题项，主要反映团队内部成员对权力距离的感知。所有这些题项均通过 Likert 五点量表进行评分，参与者根据自己对团队内权力结构的认知来评价这些行为的频率和强度，从而得出关于团队权力距离的综合评估。根据 Clugston、Howell 和 Dorfman（2000）的研究，权力距离量表的 Cronbach's α 系数为 0.87，表明该量表具有良好的信度，能够有效地测量权力距离的相关维度。因此，本研究采用该量表来评估团队成员对权力结构的认知及其对不平等权力分布的接受度。

（四）团队冲突

本研究对团队冲突的测量采用 Jehn（1995）开发的经典量表，该量表广泛应用于团队管理和组织行为研究，特别是在冲突管理领域。该量表分为关系冲突和任务冲突两个维度，通过评估这两个维度的冲突程度能够全面衡量团队内冲突的性质与影响。关系冲突维度包括“团队成员之间有多少摩擦”等 4 题项；任务冲突维度包括“团队中有多少关于您所做工作的冲突”等 4 题项。所有题项均采用 Likert 五点量表进行评分，参与者根据自己在团队中经历的冲突类型和频率进行评价，最终得出团队冲突的综合得分。根据 Jehn（1995）和后续研究的验证，团队冲突量表的 Cronbach's α 系数为 0.92，表明该量表在测量团队冲突时具有高度的信度，能够可靠地反映团队内部的关系冲突和任务冲突。该量表的高信度支持了其在团队研究中的广泛应用，能够有效区分并量化不同类型的团队冲突。

同时，根据以往相关研究（Boone, Hendriks, 2009；Koopmann, Lanaj, Wang, Zhou & Shi, 2016；朱玥，等，2019），本研究对团队规模、性别多样性（采用 Blau 指数来体现男女比例在团队中的离散程度）以及团队平均任期（团队成员任期的均值）在团队层面进行控制。

第四节　权力争夺路径视角下团队权力负向效应的研究结果

一、数据聚合

在本研究中，由于权力争夺、权力距离、关系冲突和任务冲突均为从个体层面进行测量的变量，因此，为了得到团队层面数据，必须将这些变量的数据进行聚合。数据聚合的目的是确保个体层面的数据可以准确地反映出团队层面的特征，从而能够用于后续的团队层面分析。通常，判断是否满足数据聚合条件的方法包括使用Rwg、ICC(1)、和ICC(2)这三个统计指标，前文已对这几项指标做了详细讲解，在此不再赘述。

在本研究中，通过统计软件R计算得出各变量的Rwg值均大于0.70，表明团队成员在各自评估变量时存在较高的一致性，可以接受数据的聚合；ICC(1)值均均符合小于0.50的标准，表明组内成员在变量上的评分变异较适中，符合数据聚合的条件；ICC(2)值均高于0.50，表明组间的一致性较好，支持团队层面的数据聚合。根据上述三个指标的计算结果（如表6-2所示），本研究中的Rwg、ICC(1)和ICC(2)值均符合聚合的临界条件。因此，本研究的数据聚合是合理的，可以从个体层面聚合到团队层面进行分析。

表6-2　数据聚合检验结果

变量	Rwg	ICC(1)	ICC(2)
权力争夺	0.784	0.309	0.806
权力距离	0.841	0.286	0.791
关系冲突	0.837	0.214	0.744
任务冲突	0.846	0.233	0.749

为了进一步确保研究结果的有效性和可靠性，本研究还采用了

Harman 单因素检验方法，检测样本中是否存在严重的共同方法偏差（Common Method Bias, CMB）。共同方法偏差是指所有测量变量来源或测量方法相同时，可能会由于测量工具或测量过程的系统性误差而引发偏差，进而影响研究结果的有效性。Harman 单因素检验通过提取一个公因子，并计算其解释的方差百分比来判断是否存在共同方法偏差。若第一公因子的方差解释百分比大于 40%，则表明共同方法偏差可能对研究结果产生较大影响；若低于 40%，则说明共同方法偏差的影响不显著。在本研究中，Harman 单因素检验的结果表明第一公因子的方差解释百分比为 26.59%，低于 40% 的临界值。这表明，在本研究中，共同方法偏差问题并不突出，对结果的影响较小，研究的有效性较为可靠。

通过以上检验，本研究的数据聚合满足了 Rwg、ICC(1) 和 ICC(2) 的标准，且共同方法偏差问题并不显著。因此，本研究可以可靠地将个体层面的数据聚合到团队层面进行进一步分析，为后续的研究提供坚实的基础。

二、测量模型检验

本研究使用验证性因子分析（Confirmatory Factor Analysis, CFA）对理论模型进行检验，目的是判断所构建的测量模型是否具有良好的拟合度，并验证变量之间的区分效度。验证性因子分析是一种常用的统计方法，能够确认理论假设的因素结构是否符合实际数据的特征，是检验测量模型构建是否合理的关键步骤。根据验证性因子分析的结果（如表 6-3 所示），本研究的四因子模型（即权力分布差异、权力争夺、权力距离、团队冲突）显示出良好的拟合度。具体而言，模型的拟合指标为 $\chi^2/df = 1.05$，该值小于 2，表示模型拟合度较好，通常认为 χ^2/df 的值小于 3 是合适的标准，说明模型的整体拟合情况较为理想；RMSEA = 0.08，均方根误差近似值（Root Mean Square Error of Approximation, RMSEA）小于 0.08，表明模型的拟合质量良好，符合一般认为的合理标准；NNFI = 0.91，非规范拟合指数（Non-Normed Fit Index, NNFI）高于

0.90，说明模型的拟合效果较好，接近 0.95 时为优秀；CFI = 0.91，比较拟合指数（Comparative Fit Index, CFI）也达到了 0.91，通常认为 CFI 值大于 0.90 表示模型拟合良好；IFI = 0.91，增量拟合指数（Incremental Fit Index, IFI）为 0.91，符合标准，说明模型的拟合度较好。

此外，为了进一步验证四因子模型的优越性，本研究还比较了其他三种替代模型的拟合度，这些替代模型分别为三因子模型（将某些变量合并为一个因素）、二因子模型、单因子模型。验证性因子分析的结果显示，这些替代模型的拟合度明显较差，并且与四因子模型之间的差异具有统计显著性（例如，χ^2 差异检验显示替代模型的拟合效果明显较差），进一步验证了四因子模型的合理性和有效性。

通过四因子模型的验证性因子分析，本研究不仅检验了模型的整体拟合度，还验证了各变量之间的区分效度。区分效度指的是不同概念的测量应能够清晰地区分开，避免变量之间的重叠。本研究的验证性因子分析结果表明，四个因素之间的区分效度较好，各因素相互独立，且每个因素的测量指标都有显著负荷，这为后续的实证分析提供了坚实的基础。

表 6-3　验证性因子分析结果

模型	χ^2/df	R MSEA	NNFI	CFI	IFI
PD;PS;PDT;TC	1.05	0.08	0.91	0.91	0.91
PD;PS;PDT+TC	1.72	0.33	0.74	0.73	0.73
PD;PS+PDT+TC	3.62	0.46	0.64	0.64	0.63
PD+PS+PDT+TC	5.27	0.57	0.52	0.52	0.52

注：PD= 权力分布差异；PS= 权力争夺；PDT= 权力距离；TC= 团队冲突

三、描述性统计

表 6-4 展示了本研究中包括控制变量在内的 8 个变量的均值、标准差及相关系数。根据表 6-3 中的数据，以下是主要变量之间的显著相关性分析：从表 6-4 可以看出，权力分布差异与权力争夺之间存在显著的

正相关关系（r=0.328, $P<0.01$）。这一结果表明，团队中权力分布差异越大，成员之间的权力争夺行为越频繁。具体而言，在权力分配不均的团队中，成员为了争夺资源、决策权及其他重要权力而展开的争夺更为明显，可能引发更强的内部竞争和冲突。进一步分析显示，权力争夺与关系冲突之间也呈显著正相关（r=0.301, $P<0.01$）。这一发现表明，团队成员之间的权力争夺不仅限于资源分配和决策控制，还可能演变为更为个人化的冲突，进而引发团队内部的关系紧张和摩擦。这种冲突不仅影响团队氛围，还可能损害团队成员之间的合作与信任，进而影响团队整体绩效。此外，权力争夺与任务冲突之间也呈现显著正相关（r=0.231, $P<0.01$）。这一结果表明，权力争夺行为不仅对团队成员之间的个人关系产生影响，还可能扩展到任务的分配与执行上，导致成员在具体任务的分配、执行以及工作优先级上的分歧，从而引发任务冲突。这种冲突可能会直接影响任务完成的效率和质量，甚至延误团队目标的达成。表6-4还展示了其他变量之间的相关性，包括控制变量的相关性。通过这些相关分析，我们能够更清楚地理解各变量之间的相互关系，进而为后续的路径分析和模型检验提供坚实的理论依据和数据支持。

表 6-4　描述性统计结果

变量	M	SD	TZ	GD	TS	PD	PS	PDT	RC	TC
TZ	5.195	1.220	1.000							
GD	0.239	0.071	−0.069	1.000						
TS	1.628	0.530	−0.066	−0.121*	1.000					
PD	0.218	0.065	0.094	0.061	−0.006	1.000				
PS	3.523	0.728	0.088	0.089	−0.071	0.328**	1.000			
PDT	3.211	0.580	0.042	0.045	−0.007	0.119*	−0.149*	1.000		
RC	2.787	0.620	−0.044	−0.011	−0.040	0.135*	0.301**	−0.119*	1.000	
TC	2.912	0.574	0.070	−0.074	−0.135*	0.127*	0.231**	0.068	0.042	1.000

注：* $P<0.05$；** $P<0.01$；TZ= 团队规模；GD= 性别多样性；TS= 团队任期；PD= 权力分布差异；PS= 权力争夺；PDT= 权力距离；RC= 关系冲突；TC= 任务冲突

四、假设检验

（一）权力争夺的中介作用

首先，关系冲突和任务冲突分别对权力分布差异进行线性回归得到模型 M_1 和 M_3，由 M_1 和 M_3 可以判断出本模型中权力分布差异对关系冲突的作用是显著正向的（$\beta = 0.238$，$P < 0.01$），对任务冲突的作用也是显著正向的（$\beta = 0.123$，$P < 0.05$）。其次，权力争夺对权力分布差异进行线性回归得到模型 M_5，根据 M_5 可以知道权力分布差异对权力争夺具有显著正向影响（$\beta = 0.358$，$P < 0.01$）。再次，关系冲突和任务冲突分别对权力分布差异和权力争夺同时进行线性回归得到模型 M_2 和 M_4，根据模型 M_2 可以知道权力争夺对关系冲突作用显著（$\beta = 0.418$，$P < 0.01$），且权力分布差异对关系冲突作用依然显著（$\beta = 0.245$，$P < 0.01$）。再次，根据模型 M_4 可以知道权力争夺对任务冲突影响显著（$\beta = 0.262$，$P < 0.01$），且权力分布差异对任务冲突影响依然显著（$\beta = 0.127$，$P < 0.05$）。由此可见，权力争夺在权力分布差异与关系冲突关系中起部分中介作用，H_1 得到验证。

（二）权力距离的调节效应

首先，在模型 M_5 的基础上加入权力距离变量进行线性回归分析，得到模型 M_6。接着，在 M_6 的基础上引入交互项（权力分布差异 × 权力距离），再次进行线性回归，得到模型 M_7。根据 M_7 的结果，交互项对权力争夺的作用显著（$\beta = -0.289$，$P < 0.01$），表明权力距离在权力分布差异与权力争夺之间起到了负向调节作用。具体而言，研究结果表明，当权力距离水平较高时，权力分布差异对权力争夺的正向影响会显著减弱；反之，当权力距离水平较低时，权力分布差异对权力争夺的正向影响则会增强。这一发现验证了 H_2（具体见图 6-2）。换句话说，高权力

距离的团队中，成员对权力的不平等分配表现出较高的接受度，进而减少了为争夺权力而产生的冲突；而在低权力距离的团队中，由于成员对于权力不均衡的敏感性较高，权力分布差异往往会导致更多的权力争夺行为。

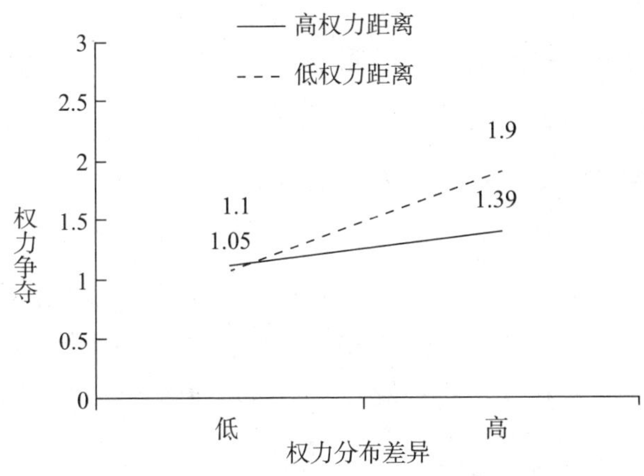

图 6-2　权力合法性对权力分布差异与团队协调关系的调节

表 6-5　中介效应和调节效应分析结果

变量	RC		TC		PS		
	M_1	M_2	M_3	M_4	M_5	M_6	M_7
TZ	−0.053	−0.055	0.067	0.080	0.099	0.087	0.088
GD	−0.027	−0.029	−0.067	−0.054	0.095	0.085	0.078
TS	−0.047	−0.046	−0.052	−0.048	−0.035	−0.034	−0.021
PD	0.238**	0.245*	0.123*	0.127*	0.358**	0.264**	0.309**
PS		0.418**		0.262**			
PDT						0.169**	0.243**
PD*PDT							−0.289**
R^2	0.006	0.006	0.044	0.048	0.098	0.126	0.142
$\triangle R^2$	−0.046	−0.059	−0.006	−0.015	0.051	0.069	0.073

注：*$P < 0.05$；**$P < 0.01$；TZ= 团队规模；GD= 性别多样性；TS= 团队任期；PD= 权力分布差异；TCD= 团队协调；TCF= 团队冲突；PL= 权力合法性；TP= 团队绩效

（三）被调节的中介效应检验

为检验权力距离对权力争夺中介效应的调节作用，本研究采用了拔靴法（Bootstrap）和蒙特卡洛方法进行验证。首先，通过 5000 次拔靴法分析，结果显示，95% 的置信区间为［0.003，0.035］，该区间不包含零，表明被调节的中介效应显著（见表 6-6）。为了进一步验证该效应，本研究还采用蒙特卡洛分析进行检验。结果显示，权力距离调节权力争夺的中介效应的 95% 置信区间为［0.015，0.068］，该区间同样不包含零，进一步确认了中介效应的显著性。因此，H_3 得到了验证。通过拔靴法和蒙特卡洛方法的双重检验，本研究提供了坚实的统计证据，证明了权力距离在权力分布差异与权力争夺之间的中介效应中扮演了重要的调节角色。此结果不仅支持了 H_3，也为理解权力结构和冲突管理提供了新的视角。

表 6-6　权力争夺被调节的中介效应分析结果

	估计值	标准误	95% 置信区间
高权力距离	0.048	0.026	［0.012，0.051］
低权力距离	0.041	0.020	［0.010，0.043］
被调节的中介	0.025	0.032	［0.003，0.035］

第五节　权力争夺路径视角下团队权力负向效应的研究结论与启示

一、研究结论

（一）权力争夺在权力分布差异与团队冲突（关系冲突和任务冲突）之间起部分中介作用

权力分布差异意味着团队成员对有价值资源的控制存在不对称，且随着权力分布差异的增加，团队内部资源分配的非对称性也会加剧。在资源稀缺和竞争激烈的情境下，当团队成员所控制的资源数量不同时，成员的诉求也会不同。低权力者通常会寻求获得更多资源，而高权力者则会努力维护和巩固自己掌握的资源。这种资源上的不平等将引发比较、不满、竞争甚至嫉妒等行为。尤其是低权力者，往往会对资源分配的公平性产生质疑，从而加剧权力争夺的行为。在权力资源的零和博弈特性下，权力争夺者可能会采取强制、威胁或对抗等手段，这不仅削弱了团队的协作精神，还可能使原本稳定的团队关系走向对立，最终导致关系冲突和任务冲突的加剧。

（二）权力距离在权力分布差异与团队冲突（关系冲突和任务冲突）之间起负向调节作用

权力距离通过调节权力分布差异对团队冲突的影响主要通过权力争夺的中介作用发挥作用。具体来说，随着权力距离水平的提升，权力分布差异对团队冲突的正向影响逐渐减弱。高权力距离意味着团队成员更容易接受当前的权力分配，认为这种差异是角色规范的一部分。此时，低权力者往往对高权力者的安排和协调持较高的认可度，这种认同感有助于促进团队成员间的角色分化，从而提高团队的和谐氛围，减少因权力分布差异所导致的权力争夺行为。随着权力争夺的减少，团队内部的竞争、对抗和冲突自然会得到有效缓解。

二、理论贡献

（一）本研究有效揭示了权力分布差异对团队冲突作用的过程机制，深入解释了权力分布差异的消极影响

以往的研究指出，团队冲突是理解权力分布差异效用的关键（Greer et al., 2018），也是权力冲突理论的核心内容，甚至被认为是解释权力功能主义观点的关键（冲突的减少是实现团队协调的前提）（Greer et al., 2017；朱玥，等，2019）。因此，团队冲突研究在权力研究领域占据重要地位。然而，关于权力分布差异如何引发团队冲突的研究仍然较为稀缺。基于此，本研究从权力争夺的视角出发，探讨了权力分布差异如何导致团队冲突，并验证了权力争夺在其中发挥的部分中介作用。通过这一分析，本研究有效揭示了权力分布差异与团队冲突之间的“黑箱”机制，为权力研究领域中的团队冲突研究提供了创新视角，并为权力冲突理论提供了更为详实的实证支持，进一步丰富了该理论的发展。

（二）本研究拓展了权力冲突理论下对团队冲突的研究，丰富了权力分布差异的消极影响机制的理论框架

传统的权力冲突理论多将团队冲突视为单一维度的变量（Greer, 2014；Greer et al., 2018），在未加区分不同类型冲突的情况下，可能导致对团队冲突效用的理解过于模糊，从而不利于深入探讨权力分布差异的具体消极影响机制。实际上，不同类型的冲突对团队绩效的影响往往不尽相同。例如，关系冲突通常对团队绩效具有破坏性作用，而任务冲突则可能有不同的效果，这取决于任务的性质和特定的边界条件（De Wit, Greer, Jehn, 2012）。基于这一理论背景，本研究参考经典文献，将团队冲突划分为关系冲突和任务冲突（Jehn, 1995），并通过实证分析证

明，权力分布差异通过权力争夺路径，既导致了关系冲突的增加，也推动了任务冲突的加剧。这一发现不仅拓展了权力冲突理论下团队冲突的研究视角，也为理解权力分布差异的具体效应机制提供了新的理论框架。

三、实践启示

（一）防范权力分布差异向团队冲突转化

团队冲突是权力冲突理论的核心内容，也是权力分布差异破坏团队绩效的关键过程变量（Greer et al., 2018）。然而，权力分布差异转化为团队冲突并非自动发生，且存在路径选择的问题（Greer et al., 2017）。本研究通过实证分析确认，权力争夺行为是权力分布差异向团队冲突转化的重要路径之一。因此，对于企业而言，管理者应从权力争夺的视角出发采取有效措施防止权力分布差异恶化为团队冲突：①设计公开透明的晋升机制。在已有资源基础上，企业应制定明确的晋升标准和职级调整的渠道规范，以减少因资源分配不均而产生的权力争夺行为。例如，明确的晋升路径和公平的资源分配将降低成员之间因不确定性带来的争夺和摩擦。②扩大有价值资源的分配范围。企业应通过扩大团队规模、提升团队在组织中的战略地位，增加团队成员可获得的有价值资源。通过增加资源总量来减少有限资源下的竞争，减轻成员间因争夺资源而产生的负面情绪和冲突。

（二）发挥权力距离的调节作用

权力分布差异向团队冲突的转化依赖于一定的边界条件，尤其是权力距离（朱玥，等，2019）。权力距离反映了团队成员对权力不平等分配的接受程度，是调节权力分布差异与冲突之间关系的重要变量（Hu, Erdogan, Jiang, et al., 2018）。本研究通过实证验证了权力距离能够减少权力分布差异对团队冲突的负面影响，并通过调节权力争夺行为与冲突之间的关系，起到了缓解冲突的作用。因此，企业可以在实践中积极发挥权力距离的正面作用：①加强企业文化宣导。企业可以通过组织文化的推广使员工明确企业的权力结构和角色分配，提升员工对现有权力分配的认同感和接受度。通过营造尊重权威、强调规范化管理的企业文化，降低权力差异引发的冲突。②强化员工培训与组织归属感。通过新员工入职培训和团队建设活动，增强员工对组织文化和价值观的认同，从而帮助员工理解和接受团队内外的权力差异，减少因角色认同冲突引发的团队不和谐。③引导员工尊重上下级关系。企业可以加强对员工的传统文化教育，特别是在强调权威和阶层关系的文化背景下，通过培训使员工认识到权力距离的合理性和必要性，从而减少因权力分配不公而产生的不满和抗议。

四、不足与研究方向

尽管本研究取得了一定的成果，揭示了权力分布差异对团队冲突的影响机制，并为权力冲突理论提供了有价值的实证支持，但研究过程中仍然存在若干不足之处，需要在未来的研究中进一步改进和完善。具体而言，本研究的不足和未来研究方向可归纳为以下三点。

（一）样本量有限，且测量数据主要依赖于团队成员的主观评价

本研究仅调研了 27 家企业，样本数量相对较少，这可能影响研究结论的外部效度。虽然样本企业涉及不同行业，具有一定的代表性，但样本量不足以全面反映所有类型企业的特点和差异，可能导致研究结果在广泛应用时存在一定的局限性。此外，问卷测量的主体主要是团队成员，数据高度依赖其主观评价，可能引入自我报告偏差，最终影响研究结果的可靠性和准确性。因此，未来的研究可以扩大样本容量，涵盖更多企业和行业，尤其是不同规模和层次的企业，以提高研究结论的广泛适用

性和可信度。同时，可以考虑将领导评价和团队成员评价区分开来，尤其是在测量权力分布和团队冲突时，领导者的视角和团队成员的视角可能存在差异，从而有助于更加全面地分析权力分布对团队冲突的影响。

（二）权力争夺路径是权力分布差异与团队冲突关系的其中一种解释，尚未涵盖所有可能的路径

本研究虽然验证了权力争夺在权力分布差异与团队冲突之间的中介作用，但这一机制只是权力分布差异与团队冲突之间关系的一个路径选择，不能完全解释其复杂的因果关系。例如，Greer et al. (2017) 指出，权力敏感性是权力等级引发团队冲突的重要条件之一，而这种敏感性可能对权力争夺行为的产生和发展起到重要作用。因此，未来的研究可以进一步探索其他潜在的中介机制或路径，如权力敏感性、团队成员的个性特征（如竞争性、冲突规避倾向等）、团队的文化背景、任务类型等因素，进一步完善对权力分布差异与团队冲突之间关系的解释。此外，也可以在同一理论模型中同时进行多路径研究，探讨不同路径对团队冲突产生的不同影响，揭示其多维度的作用机制。

（三）权力距离是调节权力分布差异与团队冲突关系的重要边界条件，但并非唯一因素

本研究确认了权力距离在调节权力分布差异与团队冲突之间关系方面的作用，并验证了权力距离较高时可以减缓因权力分布差异产生的团队冲突。然而，权力距离仅是影响这一关系的一个调节变量，它主要反映了团队成员对权力不平等的接受程度，但对于权力资源再分配的意愿，权力距离可能并不涵盖其全部维度。权力资源的再分配不仅仅受到权力距离的影响，还受到其他因素的作用，如程序公平、权力一致性和权力合法性等，这些因素都可能会在一定程度上调节或增强权力分布差异对团队冲突的影响。因此，未来的研究可以选择其他变量作为权力分配意

愿的表征，如程序公平性（即资源分配过程的公正性）、权力一致性（即资源和权力的分配是否符合团队成员的预期）以及权力合法性（即团队成员对现有权力结构的合法性的认同）等，这些因素可能为我们提供更多维的视角，进一步丰富权力分布差异与团队冲突关系的研究。

第七章　团队权力正负效应对比分析：双路径模型

第一节　基于双路径模型视角的研究背景

创新是推动企业持续发展的核心动力，而团队创新则被认为是企业创新的关键所在。团队创新不仅依赖于成员个体的能力和创造力，更易受团队内部权力结构的影响。传统的团队创新研究大多基于“权力配置均衡”的假设（Proell, Thomas-Hunt, Sauer et al., 2013; 朱玥，谢江佩，金杨华，等，2019），即假设团队成员间的权力关系是相对平衡的。然而，这种假设在实际的组织环境中缺乏生态效度，无法真实反映组织内部成员间复杂的社会互动和权力博弈，因此已逐渐滞后于现代组织管理的实际需求。事实上，权力配置的不均衡性在许多团队中普遍存在，并且这种不均衡往往是不可避免的。权力分布差异作为权力配置不均衡的一个重要表征，通常被定义为对有价值资源的不对称控制（Tarakci, Greer, Groenen, 2016）。这一现象不仅仅局限于权力的形式和内容，也反映了团队成员之间在决策、资源分配和信息流动等方面的实际差距（Magee, Smith, 2013）。近年来，随着权力作为一个社会政治、经济和伦理中的争议性概念受到越来越多的关注（Avelino, 2021），研究者开始探讨其对组织行为、学习能力、协作模式及成功的影响。例如，权力被认为是影响组织学习（Al-Romeedy, Mohamed, 2022）、组织信息系统协调（Hekkala, Stein, Sarker, 2022），以及社会运作的关键因素。具体到团队层面，权力分布差异的影响则取决于其分布方式。当权力集中在单一成员身上时，团队内部的权力分布差异水平最高；而当权力在团队成员间分散时，权力分布差异则达到最低。这一现象直接引发了一个核心问题：究竟是高水平的权力分布差异（集中）有利于团队创新，还是低水平的权力分布差异（分散）更能促进创新？目前，学术界尚未就此问题达成统一的共识。

过去的理论研究对权力分布差异的效用提出了两种截然不同的观点，这两种观点分别代表了权力在团队中的建设性与破坏性作用。首先，权力功能主义的建设性观点认为，适度的权力分布差异能够通过提升团队成员角色的清晰度，促进任务分工与协作，从而推动团队内部的协调和沟通。这种模式下，权力分布差异能够统一团队的不同意见，提高决策效率，增强成员间的互动与合作，从而有助于团队创新与高效执行（Magee, Galinsky, 2008; Greer, Van Bunderen, Yu, 2017; Halevy, Chou, Galinsky, 2011）。在此框架下，权力分布差异被视为一种资源配置的手段，可以通过优化团队成员间的任务划分与责任明确，提升团队的整体协作能力与创新动力。然而，权力冲突理论提出了与之相反的破坏性观点。该理论认为，权力分布差异，尤其是高度集中的权力分布，会导致团队成员间的权力斗争和内部冲突，进而引发诸如不公平感知、资源争夺等负面情绪，严重时可能破坏团队的凝聚力和人际关系，降低团队的整体绩效（朱玥，等，2019; Greer et al., 2017; Greer, Van Kleef, 2010; Bunderson, Van Der Vegt, Cantimur, et al, 2016; Greer, Chu, 2020）。具体而言，当权力不均衡且高度集中时，成员可能感受到控制和决策的不公，从而导致心理上的不平衡和冲突，进一步恶化团队成员间的合作氛围，并最终影响到创新活动的顺利进行。这两种截然不同的理论观点为我们理解权力分布差异对团队创新的影响提供了两种极端的解释框架，但也反映了一个显而易见的研究空白——权力分布差异究竟是倾向于建设性作用，还是破坏性作用？这一问题至今未有明确统一的答案，表明我们亟须构建一个更为全面和整合的理论模型来探讨权力分布差异对团队创新的多维度影响。

权力分布差异不会直接对团队结果产生影响，而是通过与团队过程的交互作用影响团队绩效（Anderson，Brown, 2010）。然而，目前在权力分布差异的过程机制研究中，很多文献仅关注其单一路径作用，忽视了可能存在的其他路径（Bunderson et al., 2016）。这种单一视角的研究方法可能会夸大某一机制的作用，导致对权力分布差异复杂效应的片面理解。因此，探讨权力分布差异的多重效应路径，尤其是从双路径的角度出发能够为我们提供更为全面的视角，理解其对团队创新的全貌。基于此，本研究从权力功能主义和权力冲突理论的双重视角出发，采用双路径设计，试图同时考虑权力分布差异的建设性与破坏性效应。通过将团队协调与团队冲突作为中介变量，构建了一个综合的理论模型，以期揭示权力分布差异如何通过不同机制对团队创新产生影响。该模型不仅有助于深入理解权力分布差异的“双刃剑效应”，还能进一步检验这两种效应是否在团队创新过程中是互相抵消的，或是作为互补机制共同作用于团队的创新表现。在构建理论模型时，选择团队协调作为中介变量的原因在于，权力功能主义认为团队协调是权力分布差异产生积极效应的关键路径（Halevy et al., 2011; Van der Heijden, Potters, Sefton, 2009; Greer, De Jong, Schouten et al., 2018）。具体来说，权力分布差异有助于澄清团队成员的角色规范，帮助成员明确自身在团队中的位置（Anderson, Brown, 2010），并促进任务资源的有效协调和人际互动的顺畅进行（Keltner, Van Kleef, Chen, et al., 2016）。这一过程中，成员们通过合理分工和任务配合能够更高效地协作，从而提升团队的创新能力和整体绩效。同时，本研究也基于权力冲突理论将团队冲突作为中介变量，认为团队冲突是解释权力分布差异负面效应的核心机制（朱玥，等，2019; Greer et al., 2017; Greer et al., 2018）。具体而言，权力分布差异通常导致不同权力等级的团队成员在利益和观点上产生明显分歧（Van Bunderen, Greer, Van Knippenberg, 2018），这种分歧容易引发权力斗争，进而激化团队内部的冲突。冲突不仅消耗团队的资源和精力，还可能加剧成员之间的不信任和合作障碍，最终损害团队的创新氛围和绩效。

权力分布差异对团队结果的影响并非一成不变，而是受到多种边界条件的调节（谢江佩，蒋旻天，王永跃，2020; Tarakci et al., 2016）。当前关于权力分布差异的边界条件研究主要集中在团队结构因素（Tarakci et al., 2016; Young-Hyman, 2017）、任务类型因素（Ronay, Greenaway, Anicich, et al., 2012）、权力相关因素（朱玥，等，2019; Bunderson et al., 2016; 谢江佩，2018）以及领导特征因素（Tarakci et al., 2016; Greer et al., 2018）等方面。然而，尽管已有研究探讨了团队的权力结构、权力距离和权力稳定性等因素，但对权力本身，尤其是权力感知等心理机制的关注较少。实际上，权力感知，即成员如何看待自己和其他成员的权力，可能对权力配置结构的有效性产生深远影响（Greer, 2014）。在团队中，成员的权力感知主要包括两大核心维度：权力一致性和权力合法性。其中，权力合法性是指团队成员对权力配置结构的合理性和正当性的共同感知（Lammers, Galinsky, Gordijn et al., 2008）。权力合法性对团队过程具有深刻的影响，是决定权力分布差异走向协调还是冲突的关键因素之一（朱玥，等，2019）。具体来说，当团队成员普遍认为权力分配合理且符合正当性时，权力配置不均衡便不再被视为不公平，而是被接受为一种有效的组织形式。在此情境下，成员往往更愿意接受领导的权威和各自的角色分工，也会表现出更多积极的互动和协作行为（Lammers et al., 2008）。这种正向的互动不仅增强了团队成员之间的信任，还能够有效减少因权力分布差异所引发的负面冲突。反之，若权力感知缺乏一致性，且成员对权力配置的合法性存疑，那么权力分布差异便可能引发团队内部的不满和抵触，进而导致冲突升级。可以看出，权力合法性作为一种关键的心理机制，可能会在一定程度上抑制权力分布差异对团队冲突的负向影响，同时增强权力分布差异在团队协调中的正向作用。这种机制的发挥，能够在一定程度上强化权力分布差异对团队创新绩效的正向推动作用。具体而言，在权力合法性得到确认的情况下，权力配置的不均衡形式不再导致成员对权力结构的质疑和抵触，相反，成员会更容易认同自身角色定位和团队整体目标，进而促进任务的分配与协调，提高团队的协作效率和创新能力。此外，权力合法性还能增强成员对自己影响力的积极评价，进一步激发其参与团队创新的积极性和创造力。因此，权力合法性在权力分布差异对团队创新绩效的影响过程中扮演着至关重要的调节角色。

本研究的目标主要有两个方面。首先，基于权力功能主义和权力冲突理论，旨在将两个关键路径——协调路径和冲突路径——整合到一个统一的理论模型中，从而更加全面地解释权力分布差异如何影响团队创新。通过构建这一理论框架，我们不仅可以更好地理解这两条路径如何共同作用，而且能够探讨它们在实际团队中如何相互作用、互补或互相抵消，从而揭示权力分布差异对团队创新的双重效应。这一研究将弥补现有文献中对权力分布差异效应单一性的局限，为权力差异对团队创新的作用机制提供更加完整的理论视角。其次，本研究还从权力的关键心理机制出发，重点探讨权力合法性这一因素在权力分布差异对团队创新影响中的调节作用。我们旨在解释在权力合法性条件下，如何确保权力分布差异能够产生正向的总体效应，尤其是在团队成员普遍认同并接受权力结构时，权力分布差异将如何通过促进团队协调、减少冲突等路径，推动团队创新能力的提升。

第二节　双路径模型视角下团队权力正负效应的研究框架

一、团队协调的中介作用

在权力功能主义看来，团队协调是权力分布差异效用发挥的主要过程变量（Greer et al., 2018）。具体而言，权力分布差异可以明确团队成员的角色定位，支持团队内部分工，帮助相互独立的团队成员对不同的意见达成一致，促进团队成员之间的互动协作（Magee, Galinsky, 2008; Halevy et al., 2011; De Hoogh, Greer, Den Hartog, 2015），还能使团队成员了解他们在团队中的权力等级位置，并根据权力等级位置澄清对规范、角色和预期行为的期望（Anderson, Brown, 2010; Keltner et al., 2008; Biggart, Hamilton, 1984），从而为团队提供一个结构清晰、角色分明的交互脚本，增强互助协调过程。同时，在权力分布差异的情况下，团队成员之间的差异化认知机制会产生互补，这样有利于维系团队成员之间的合作，增进团队资源协调（Curşeu, Sari, 2015）。另外，权力分布差异还能创造心理安全环境，增强自愿合作的意愿（Greer, 2014），从而有效协调团队成员之间行为。Halevy, Chou 和 Galinsky（2011）就通过实验研究发现权力配置不均衡增进了篮球队的合作与协调。

协调是指为了实现共同目标而整合群体成员的知识、行为和目标，进而达成共同目标的过程（Rico, Sánchez-Manzanares, Gil, et al., 2008;

袁凌，蒋镇武，2022），被认为是结果变量的重要预测变量。在供应链管理中，协调能有效改善供应链环节之间的信息流动和提高决策一致性，从而降低信息不对称导致的决策失误、效率低下等问题，以及供应链风险（Vosooghidizaji, Taghipour, Canel-Depitre, 2020）。在推进国家经济高质量发展的过程中，协调可以促进各地区的优势互补，实现整体经济的均衡增长，减少区域之间发展不平衡导致的资源浪费和社会矛盾（Polterovich, 2018）。在自治系统（Autonomous Systems）中，协调也至关重要，它可以帮助自治系统之间达成一致的服务级别协议，提高不同自治系统间的兼容性，避免不同自治系统之间的策略冲突（Tadewos, Newaz, Karimoddini, 2022）。对于团队来说，协调也是必需的，通过协调，团队成员对彼此的专长有更深入的了解，据此团队成员可以主动调整自己的行为以促进团队目标的实现（田小平，2020）；通过协调还可以帮助团队成员了解团队任务目标，明确任务分工，优化任务流程，达成工作上的一致和默契，从而减少团队成员之间的沟通与交流成本，加快知识在团队中的转移和共享（Hu, Liden, 2015），最终促进团队创新。综上可知，权力分布差异能正向影响团队协调，而团队协调能正向影响团队创新绩效。因此，本研究提出以下假设。

H_1：团队协调在权力分布差异与团队创新绩效之间起中介作用，权力分布差异会通过促进团队协调提升团队创新绩效。

二、团队冲突的中介作用

权力冲突理论表明团队冲突是权力分布差异负面效用的重要中介（Greer et al., 2017; Van Bunderen et al., 2018）。至于权力分布差异如何影响团队冲突也得到了诸多证实（朱玥，等，2019; Greer, 2014; Van Bunderen et al., 2018）。具体而言，权力分布差异下团队内部有价值资源控制存在不对称（Magee, Smith, 2013），一些人拥有较多的有价值资源，另一些人拥有较少的有价值资源，在有价值资源存在稀缺性和竞争性条件下，必然会诱发团队成员之间的竞争、对抗和冲突（Greer, van Kleef,

2010），导致团队内部分裂和权力争夺（Van Bunderen, Greer, 2018），带来不公平感知等负面情绪，恶化团队成员之间的人际关系（Bunderson et al., 2016），从而增加团队内部冲突。同时，权力分布差异下，低权力者希望获得更多的权力资源，而高权力者则希望维持现有权力优势（Greer et al., 2017），那么两者在追求权力动机、利益方面的差异也会引发团队内部冲突。另外，在多团队系统研究中，权力分布差异被发现会增加利益相关者之间的关系冲突和降低心理安全性（Flestea, Curseu, Fodor, 2017），而心理安全又是冲突发生的关键（Joo, Yoon, Galbraith, 2023）。Greer 等人（2011）曾对一家金融公司进行了实地研究，发现在高水平权力分布差异团队中成员更容易表现出竞争性、侵略性、嫉妒性和敏感性，从而激发团队冲突。

团队冲突是团队过程中普遍存在的现象，通常会对团队创新起到消极影响。其原因在于团队冲突会导致成员之间人际关系的对立，引发团队成员对于工作的不满，削弱团队成员对工作投入的积极性，分散团队的注意力（戴佩华，2014），还会诱发沮丧、不满、压力和紧张等负面情绪，抑制信息加工（De Dreu, Weingart, 2003），进而对团队创新产生负面影响。另外，团队冲突还会导致团队成员间相互排斥、合作意愿降低、不愿分享和贡献个人资源及知识、不信任以及敌意等消极情绪产生，这些都不利于团队成员的创新积极性，从而阻碍团队创新（周明建，潘海波，任际范，等，2014）。由此可见，团队内冲突总体上不利于团队创新。综上可知，权力分布差异会激化团队冲突，而团队冲突负向影响团队创新绩效。因此，本研究提出以下假设。

H_2：团队冲突在权力分布差异与团队创新绩效之间起中介作用，权力分布差异通过激化团队冲突损害团队创新绩效。

三、权力合法性的调节作用

团队权力合法性是团队成员对团队权力结构（权力水平、差异性或多样性）合理性、正当性的一致性感知（朱玥，等，2019; Greer, 2014;

Lammers et al., 2008; 卫旭华，张怡斐，2022），也是团队权力结构的重要调节变量（朱玥，等，2019; Greer et al., 2017）。当权力结构被认为是合法时，团队成员倾向于接受当前权力分布现状和自身在团队中的权力等级定位及角色分工，认为权力配置的集中与分散都是一种团队的正常现象和合理存在，从而肯定自身权力的存在价值，努力规避权力斗争，由此团队成员的冲突就会减少，相互之间的合作得到增强（Halevy et al., 2011）；团队成员也会意识到打破权力分布现状的代价很大，从而自觉遵守组织的规章制度和安排，进而促进团队内部的协调（季浩，谢小云，肖永平，等，2019）。同时，权力合法性会促进低权力成员认同高权力成员的权威地位，服从高权力成员的指导和安排，从而表现出较少的竞争、攻击行为，有利于维护当前的权力分布现状，降低团队冲突水平（张慧，张剑渝，王立磊，2020）。权力合法性也被视为权力结构稳定性的重要信号，合法性越高权力的稳定性也越高，此时团队成员会意识到自身权力的正当性且不易受到质疑和威胁（Hays, Blader, 2017），即使受到质疑和威胁也对其权力地位构成不了影响，并表现出更多积极主动的人际交互行为，自然有助于推进团队内部协调，减少内部冲突。反之，当权力结构被视为非法时，团队成员往往会质疑当前的权力分配，尤其位置较低的成员会采取各种抗议、竞争等对抗性行为去反抗或试图改变当前的权力配置（Lammers et al., 2008），并表现出更多自我怀疑等抑制性心理体验和消极被动的人际交互行为（卫旭华，张怡斐，2022），从而削弱团队内部的合作，激化团队内部的冲突。由此可见，权力合法性有利于增强权力分布差异下团队内部的协调，缓解权力分布差异下的冲突。因此，本研究提出以下假设。

H_3：权力合法性在权力分布差异与团队协调之间起调节作用，权力合法性会增强权力分布差异对团队协调的正向关系；

H_4：权力合法性在权力分布差异与团队冲突之间起调节作用，权力合法性会缓解权力分布差异对团队协调的负向关系。

基于以上分析和所提出的研究假设，本研究认为，权力分布差异通过团队协调和团队冲突这两条路径间接地影响团队创新绩效，而这一过程会受到权力合法性的调节作用。具体而言，一方面，权力合法性在一定程度上决定了权力分布差异的效应是否能够转化为积极的团队成果。在权力合法性得到确认的情况下，团队成员普遍认同并接受当前的权力结构，这会增强权力分布差异对团队协调的正向影响。通过明确的角色定位和有效的任务分配，团队成员能够更加高效地合作，进而推动创新活动的开展。另一方面，权力合法性也能缓解权力分布差异带来的潜在冲突。当成员们认为权力配置合理且具有正当性时，他们往往会更愿意接受不同权力等级带来的分工与责任分配，进而减少由于权力不均衡而引发的负面情绪和冲突。这不仅有助于改善团队内部的沟通和协作，还能够在团队成员之间建立更高的信任和合作基础，从而为团队创新提供更加稳定的环境。因此，本研究最后提出的整合性假设如下。

H_5：权力合法性调节了团队协调在权力分布差异与团队创新绩效间的中介作用，即权力合法性水平越高，权力分布差异通过团队协调对团队协调的正向影响就越强。

H_6：权力合法性调节了团队冲突在权力分布差异与团队创新绩效间的中介作用，即权力合法性水平越高，权力分布差异通过团队冲突对团队创新绩效的负向影响就越弱。

综上得出本研究的理论研究模型，具体见图 7-1。

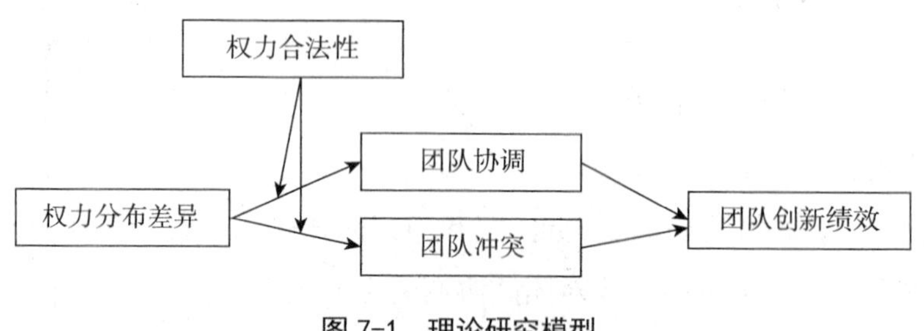

图 7-1　理论研究模型

第三节 双路径模型视角下团队权力正负效应的研究设计

一、研究对象

本研究的数据来源于问卷调查，课题组于2023年5月至2023年8月期间，对来自浙江、广东、江苏三省的27家不同类型企业进行了数据收集，涉及生产、营销、技术研发、人力资源、售后服务等多个部门的93个团队。为了确保数据的有效性和代表性，问卷调查采用现场发放和回收的方式进行。在问卷发放之前，课题组与所有被试者进行了详细的交流与答疑，使他们充分理解权力分布差异的概念以及本研究的意义和目标，确保被试者在知情的基础上参与调查。为了尊重参与者的意愿，问卷填写采取自愿原则，并特别强调那些自愿参与人数少于3人的团队会被排除在外，以确保样本的有效性和代表性。同时，为了减少潜在的共同方法偏差，本研究采用了二阶段数据收集方法，且每个阶段之间保持了2个月的时间间隔。具体流程如下：第一阶段课题组向93个团队共发放了483份问卷，主要测量权力分布差异、团队协调、团队冲突、权力合法性以及相关人口统计学信息。在收回问卷后，通过剔除填写规律化（如整份问卷所有选项相同，或选项填写高度规律的问卷，例如“11112222”等模式）和数据缺失的无效问卷，最终得到了82个团队的426份有效问卷，回收率为88.20%。第二阶段将第一阶段回收的426份有效问卷返还至82个团队，主要测量团队创新绩效。为确保数据质量，第二阶段同样遵循相同的规则，剔除了无效问卷，最终获得了76个团队的392份有效问卷，回收率为92.02%。在对第二阶段有效问卷的统计分析中，样本的基本情况如下：①性别分布。男性占66.07%，女性占33.93%；②文化程度。专科及以下占24.49%，本科占57.14%，研究生占18.37%；③团队规模。10人以上占6.58%，5—10人占52.63%，3—

5 人占 40.79%；④团队工作年限。工作年限 3 年及以上占 41.33%，1—3 年占 41.58%，1 年以下占 17.09%。

二、变量测量

本研究所使用的各变量测量量表均来自国际和国内顶级期刊中成熟且广泛应用的量表，并已在中国情境下得到了验证和应用。为了确保测量的准确性与有效性，本研究采用了 Likert-5 点量表进行数据收集。

（一）权力分布差异

本研究在测量团队权力分布差异时，采用了朱玥等人（2020）在研究中使用的轮转法问卷设计。该方法通过团队成员对其所在团队其他成员的权力水平进行相对评价，以此来评估团队内部的权力分布差异。具体操作步骤如下：首先，要求团队中的每位成员对其所在团队中其他成员的权力水平进行评价。评价题项示如“我认为该同事在团队中拥有多少权力？如他 / 她是否对资源拥有不对称的控制权、是否能够影响他人按照自己的意愿行事？”此问题旨在让成员对团队中他人所拥有的权力程度进行主观判断。其次，采用 Likert-5 点量表，要求每位成员对其他成员的权力水平进行评分，然后取每个成员对其余团队成员评价的平均值，得出每个成员在团队中的相对权力水平。这一方法能够较为全面地反映出每个成员在团队中的权力地位，从而为后续分析提供准确的数据支持。最后，在获取每个成员的权力评分后，再计算团队整体的权力分布差异，具体做法是根据所有成员的权力得分计算其离散系数（Coefficient of Variation，CV）。离散系数作为衡量数据离散程度的标准，其计算公式为：$CV=\sigma/\mu$。其中，σ 为成员权力得分的标准差，μ 为成员权力得分的均值。离散系数越大，说明团队内成员间的权力差异越大；反之，离散系数越小，说明团队内的权力分布较为均衡。这种权力分布差异的度量方式能够精准地反映团队成员在权力控制上的不对称性，从而为后续分析团队权力分布差异与团队创新绩效之间的关系提供了坚实的量化基础。

（二）团队协调

本研究在测量团队协调时，采用了 Fisher 等人（2008）开发的五项团队协调量表。该量表旨在评估团队成员之间的互动质量及其行为协调的程度。量表的题项主要关注团队成员是否能够有效地调整自己的行为，以适应团队其他成员的需求和行为方式，反映团队内部的协作水平。题项主要包括“团队成员会有效地调整自己的行为来适应其他成员的行为”。根据该量表的 Cronbach's α 系数评估，团队协调的信度为 0.85，表明该量表具有较高的内在一致性，能够可靠地测量团队协调的各个维度。

（三）团队冲突

本研究在测量团队冲突时，采用了 Jehn（1995）开发的经典冲突量表，该量表包括关系冲突和任务冲突两个维度，涵盖了团队内部的各种冲突类型。该量表共有 8 个题项，其中每个维度各有 4 个题项，用于评估团队中不同类型的冲突。关系冲突维度侧重于团队成员之间的人际摩擦与情感冲突。它反映了成员之间因个性、态度或价值观差异而产生的负面情绪和人际摩擦。题项包括“团队成员之间有多少摩擦”等。任务冲突维度则关注团队成员在工作内容、目标或决策过程中的认知冲突。任务冲突并不涉及个人情感，而是由于不同的意见、观念或工作方式引起的冲突。题项包括“团队中有多少关于您所做工作的冲突”等。团队冲突量表的 Cronbach's α 系数为 0.92，显示出该量表具有极高的内在一致性，确保了其在测量团队冲突方面的可靠性。

（四）权力合法性

本研究采用了 Lammers 等（2011）所开发的权力合法性量表，并结合谢江佩等（2020）针对中国情境所做的改编，来测量团队成员对团队权力分布结构的合法性的感知。权力合法性是指团队成员对团队内部权力分配是否公正、合理的认同和接受程度，直接影响他们对权力分配的态度以及与团队其他成员的互动方式。本量表共有 4 个题项，每个题项都从成员对权力分布合理性的认同感出发，题项包括“我认为我所在团队中的权力分布是正当合理的”等。根据数据分析，权力合法性量表的 Cronbach’s α 系数为 0.90，这表明该量表具有高信度，能够有效地衡量团队成员对权力合法性的认知。

（五）团队创新绩效

为了衡量团队创新绩效，本研究采用了 Lovelace 等（2001）所开发的团队创新绩效量表。该量表主要评估团队在创新过程中的整体表现，包括对新颖性、创造力和工作成果的独特性等方面的综合评价。团队创新绩效在现代组织中扮演着关键角色，它不仅代表了团队在新产品、新服务或新方法等方面的创新能力，还体现了团队解决复杂问题、应对变化和推动持续进步的能力。本量表包含 4 个题项，每个题项都反映了团队在不同创新维度上的表现，具体题项如下：①我们团队对工作成果的创新绩效程度很高；②我们团队能够开发出独特且具有创意的解决方案；③我们团队能够为组织带来创新的业务方法和流程；④我们团队在任务中不断提出新的思路和改进的方案。这些题项旨在测量团队的创新表现，包括团队成员对创新成果的评价、团队创新能力的认可以及团队创新在组织中的实际应用价值。量表着重于团队创造性思维和创新行为的实际表现，特别是在面对挑战和需求时，团队如何通过合作和多样化的视角来推动创新。该量表的 Cronbach’s α 系数为 0.87，表明该量表具有较高的内部一致性，能够有效测量团队创新绩效。

（六）控制变量

由于以往相关研究指出团队规模（LePine, Piccolo, Jackson, et al., 2008）、团队多样性（Boone, Hendriks, 2009）、团队时间（Koopmann,

Lanaj, Wang, et al., 2016）可能会对团队过程和结果产生影响。因此，本研究对团队规模、性别多样性（采用 Blau 指数来体现男女比例在团队中的离散程度）以及团队平均任期（团队成员任期的均值）进行了控制。

第四节　双路径模型视角下团队权力正负效应的研究结果

一、数据聚合

由于本研究采用团队层面的研究设计，且变量（如团队协调、团队冲突、权力合法性、团队创新绩效）均通过个体层面测量获得，因此，必须将这些变量的数据聚合到团队层面。然而，从个体层面到团队层面的数据聚合并不是直接的，而是需要满足一定的条件，以确保数据的有效性和可靠性。为了评估数据是否适合聚合到团队层面，学术界通常采用以下三个指标：Rwg、ICC(1) 和 ICC(2)，前文已对这几项指标做了详细描述，在此不再赘述。

在本研究中，所有变量的 Rwg 值均符合标准，表明团队内部成员对各项测量变量的感知具有较高的一致性；各变量的 ICC(1) 值均符合小于 0.50 的标准，表明团队内成员之间对于各变量的看法差异不大，可以进行有效的数据聚合；各变量的 ICC(2) 值均高于 0.50，表明团队之间对于各变量的差异较为显著，适合进行数据聚合。从表 7-1 中可以看到，所有变量的 Rwg 值均高于 0.70，表明各团队成员对变量的反应一致性较高。同时，ICC(1) 值虽略低于 0.50，但仍满足了可以进行数据聚合的要求，且 ICC(2) 值均高于 0.50，表明团队间存在足够的差异。因此，所有变量的数据均符合聚合条件，可以合理地从个体层面聚合至团队层面，进行后续的团队层面分析。

表 7-1 数据聚合检验结果

变量	Rwg	ICC(1)	ICC(2)
团队协调	0.875	0.214	0.658
团队冲突	0.768	0.256	0.782
权力合法性	0.817	0.402	0.675
团队创新绩效	0.806	0.344	0.849

二、验证性因子分析

在本研究的实证分析中，首先对权力分布差异、团队协调、团队冲突、权力合法性和团队创新绩效等五个变量进行验证性因子分析（CFA），以检验所采用测量模型的适配性和区分效度。验证性因子分析的主要目的是评估各个潜在变量是否能够通过其测量项有效地反映，同时检验各潜在变量之间是否具有良好的区分度。根据验证性因子分析的结果，五因子模型显示出非常良好的拟合度。具体的拟合指标如下：① $\chi^2/df = 1.16$。该指标小于 3，表明模型与数据拟合良好。通常，χ^2/df 的理想范围在 1 到 3 之间，值越小表示模型拟合越好。② RMSEA = 0.04。该指标小于 0.05，意味着模型拟合优度非常高。RMSEA（均方根误差近似值）越小，表明模型的拟合质量越好。③ NNFI = 0.92、CFI = 0.92、IFI = 0.91（如表 7-2 所示）。这些指标的值均大于 0.90，符合较好的拟合标准。NNFI（诺尔德增益拟合指数）、CFI（比较拟合指数）和 IFI（增益拟合指数）是常用的拟合指标，它们越接近 1，表示模型的拟合度越好。综上所述，五因子模型的拟合指标都显示出良好的模型适配性，这表明权力分布差异、团队协调、团队冲突、权力合法性和团队创新绩效这五个变量在本研究中具有较好的测量结构，符合数据的分布特点。为了进一步验证模型的合理性，本研究还比较了五因子模型与其他四种替代模型的拟合度。与五因子模型相比，其他四种替代模型的拟合度明显较差，且与五因子模型之间的差异显著。例如，四因子模型和三因子模型的拟合指标明显低于五因子模型，表明变量之间的合并会损害模型的拟合度。此外，一因子模型的拟合度最差，说明将所有变量合并为一个因素显然不符合数据结构。

表 7-2　验证性因子分析结果

模型	χ^2/df	R MSEA	NNFI	CFI	IFI
PD; TCD; TCF; PL; TIP	1.16	0.04	0.92	0.92	0.91
PD; TCD; TCF; PL+TIP	1.45	0.18	0.83	0.83	0.83
PD; TCD; TCF+PL+TIP	1.95	0.25	0.79	0.78	0.78
PD; TCD+TCF+PL+TIP	2.26	0.34	0.72	0.71	0.72
PD+TCD+TC+PL+TIP	3.07	0.38	0.63	0.63	0.64

注：PD= 权力分布差异；TCD= 团队协调 ;TCF= 团队冲突；PL= 权力合法性；TIP= 团队创新绩效 .

三、描述性统计

表 7-3 展示了包括控制变量在内的 8 个变量的均值、标准差及相关系数。描述性统计分析提供了对数据的初步了解，帮助识别变量之间的关系模式，为后续的假设检验提供了基础。以下是对各变量之间关系的进一步分析和讨论。从表 7-3 的相关系数可以看出，权力分布差异与团队协调之间存在显著的正相关关系（$r = 0.442$，$P < 0.01$），表明团队中权力差异的增加与团队成员之间协调程度的提升存在一定关联。较高的权力分布差异可能促使团队成员更加注重适应与调整行为，以确保团队目标的实现，进而提升团队协调水平。此外，权力分布差异与团队冲突之间也呈显著正相关（$r = 0.219$，$P < 0.01$），表明较大的权力分布差异可能会引发团队成员之间的冲突，尤其是在资源分配、决策权等方面，权力差异可能导致一些成员产生不满或竞争，从而引发冲突。团队协调与团队创新绩效之间呈显著的正相关（$r = 0.466$，$P < 0.01$），表明团队内部成员之间的高效协调会对创新绩效产生积极影响。团队冲突与团队创新绩效之间呈显著的负相关（$r = -0.401$，$P < 0.01$），表明团队冲突（无论是关系冲突还是任务冲突）对团队创新绩效有抑制作用。值得注意

的是，团队协调与团队冲突之间的相关系数为0.027，表明两者之间几乎没有显著的相关性。此结果验证了本研究在选择过程变量时的合理性，即团队协调和团队冲突作为独立的变量，它们并不直接关联，反而可以被视为权力分布差异对团队行为的不同路径影响，即一方面权力差异可能增强团队协调，另一方面权力差异也可能引发冲突。此现象反映出团队中的权力分布差异可能通过不同的心理和行为机制，在同一团队中同时激发出冲突和协调两种不同的反应。关于控制变量，团队规模、性别多样性（用Blau指数表示男女比例的离散程度）、团队平均任期等控制变量也进行了计算。虽然这些变量与研究中主要变量之间的相关性较弱，但它们在分析过程中仍然需要控制，以确保研究结论的有效性。

表7-3 描述性统计结果

变量	M	SD	TZ	GD	TS	PD	TCD	TCF	PL	TP
TZ	5.158	1.200	1.000							
GD	0.240	0.073	−0.086	1.000						
TS	1.618	0.341	−0.048	−0.117	1.000					
PD	0.216	0.063	0.123	0.055	0.005	1.000				
TCD	3.976	0.536	−0.138	−0.145	0.008	0.442**	1.000			
TCF	2.850	0.562	0.021	−0.051	−0.112	0.219**	0.027	1.000		
PL	4.108	0.566	−0.131	0.014	0.009	0.236**	0.398**	−0.189**	1.000	
TIP	3.845	0.569	−0.028	0.015	−0.088	0.171**	0.466**	−0.401**	0.311**	1.000

注：*$P < 0.05$；**$P < 0.01$；TZ= 团队规模；GD= 性别多样性；TS= 团队任期；PD= 权力分布差异；TCD= 团队协调；TCF= 团队冲突；PL= 权力合法性；TIP= 团队创新绩效

四、假设检验

本研究采用层级回归的办法检验团队协调和团队冲突的中介效应，以及权力合法性的调节效应。

（一）团队协调的中介作用

首先，因变量团队创新绩效对权力分布差异进行线性回归得到模型 M_1，根据 M_1 可以判断出权力分布差异对团队创新绩效的总效应是正向显著的（$\beta = 0.128$，$P < 0.05$）。其次，团队协调对权力分布差异进行线性回归得到模型 M_4，根据 M_4 可以知道权力分布差异对团队协调具有显著正向影响（$\beta = 0.352$，$P < 0.01$）。再者，团队创新绩效对权力分布差异和团队协调同时进行线性回归得到模型 M_2，根据模型 M_2 可以了解到团队协调对团队创新绩效作用显著（$\beta = 0.507$，$P < 0.01$），且权力分布差异对团队创新绩效作用依然显著（$\beta = 0.127,P < 0.05$）。因此，可以判断团队协调在权力分布差异与团队创新绩效关系间起到部分中介作用，H_1 得到验证。

（二）团队冲突的中介作用

首先，团队冲突对权力分布差异进行线性回归得到模型 M_7，根据 M_7 可以知道权力分布差异对团队冲突具有显著正向影响（$\beta = 0.210$，$P < 0.01$）。其次，团队创新绩效对权力分布差异和团队冲突同时进行线性回归得到模型 M_3，根据模型 M_3 可以知道团队冲突对团队创新绩效作用显著（$\beta = -0.282$，$P < 0.01$），且权力分布差异对团队创新绩效作用依然显著（$\beta = 0.128$，$P < 0.05$）。因此，可以判断团队冲突在权力分布差异与团队创新绩效关系间起到部分中介作用，H_2 得到验证。

（三）权力合法性的调节效应

1. 权力合法性在权力分布差异与团队协调关系中的调节作用

首先，在 M_4 的基础上加入权力合法性进行回归得到 M_5。然后，在 M_5 的基础上加入交互项（权力分布差异 × 权力合法性）再进行回归得到 M_6，根据 M_6 可以发现交互项对团队协调的作用显著（$\beta = 0.212$，$P < 0.01$），这表明权力合法性在权力分布差异与团队协调关系中起到正

向调节作用。具体而言，就是权力合法性水平越高，权力分布差异对团队协调的正向影响越强；反之，权力合法性水平越低，权力分布差异对团队协调正向影响越弱。综上，H_3 得到验证（具体可见图 7-2）。

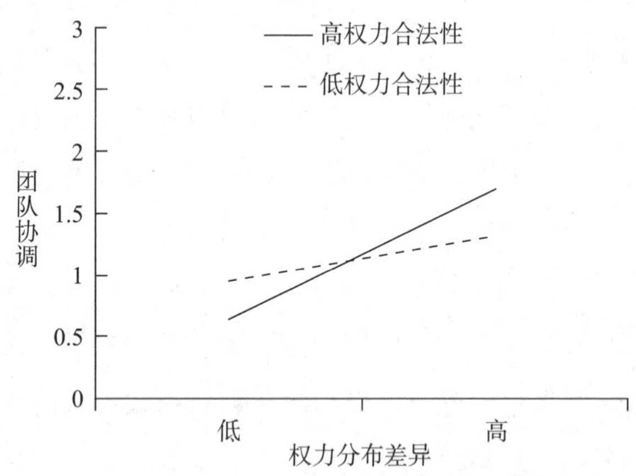

图 7-2　权力合法性对权力分布差异与团队协调关系的调节

2. 权力合法性在权力分布差异与团队冲突关系中的调节作用

首先，在 M_7 的基础上加入权力合法性进行回归得到 M_8。接着，在 M_8 的基础上加入交互项（权力分布差异 × 权力合法性）再进行回归得到 M_9，根据 M_9 可以发现交互项对团队冲突作用显著（β = -0.185，$P < 0.01$），这表明权力合法性在权力分布差异与团队冲突关系中起到负向调节作用。具体来说，权力合法性水平越高，权力分布差异对团队冲突的正向作用越弱；反之，权力合法性水平越低，权力分布差异对团队冲突的正向作用越强。综上，H_4 得到支持（具体可见图 7-3）。

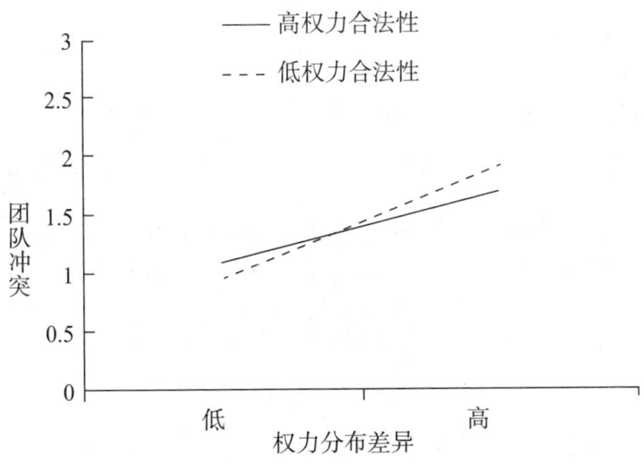

图 7-3　权力合法性对权力分布差异与团队冲突关系的调节

表 7-4　中介效应和调节效应分析结果

变量	TIP			TCD			TCF		
	M_1	M_2	M_3	M_4	M_5	M_6	M_7	M_8	M_9
TZ	-0.037	0.040	-0.046	-0.053	-0.059	-0.060	0.011	0.023	0.023
GD	0.120	0.202	0.092	-0.061	-0.154	-0.149	-0.062	-0.062	-0.066
TS	-0.076	-0.067	-0.070	-0.018	-0.016	-0.014	-0.119	-0.119	-0.121
PD	0.128*	0.127*	0.128*	0.352**	0.324**	0.164**	0.210**	0.273**	0.177**
TCD		0.507**							
TCF			-0.282**						
PL					0.387**	0.472**		0.249*	0.225**
PD*PL						0.212**			-0.185**
R^2	0.044	0.290	0.034	0.043	0.185	0.186	0.017	0.019	0.020
$\triangle R^2$	-0.010	0.239	-0.024	-0.010	0.127	0.115	-0.038	-0.051	-0.066

注：$^*P < 0.05$；$^{**}P < 0.01$；TZ= 团队规模；GD= 性别多样性；TS= 团队任期；PD= 权力分布差异；TCD= 团队协调；TCF= 团队冲突；PL= 权力合法性；TIP= 团队创新绩效

（四）被调节的中介效应检验

1. 关于团队协调中介作用的调节效应

在对团队协调中介作用的调节效应进行检验时，采用了 5000 次拔靴法（bootstrap）进行假设检验。结果显示，95% 的置信区间为［0.011，0.027］（见表 7-5），该区间不包含 0，表明被调节的中介效应显著。这意味着，权力合法性在权力分布差异与团队创新绩效之间通过团队协调起中介作用方面起到了显著的调节作用。为进一步验证结果的稳健性，我们还采用了蒙特卡洛模拟法进行检验。蒙特卡洛分析的结果表明，权力合法性对团队协调的中介效应的 95% 置信区间为［0.005，0.019］，同样不包含 0，进一步证实了被调节的中介效应的显著性，H_5 得到验证。

表 7-5　团队协调被调节的中介效应分析结果

	估计值	标准误	95% 置信区间
高权力合法性	0.027	0.018	［0.020，0.041］
低权力合法性	0.021	0.023	［0.008，0.028］
被调节的中介	0.023	0.029	［0.011，0.027］

这些结果表明，在权力分布差异的背景下，权力合法性通过增强团队成员对现有权力结构的认可和接受促进团队协调，从而积极影响团队创新绩效。当权力结构被视为合法时，团队成员更加倾向于遵守规则和分工，这有助于团队内部的有效协作，进而提升创新绩效。反之，缺乏合法性认知的权力结构可能削弱团队成员之间的协作，影响创新成果的产生。

2. 关于团队冲突中介作用的调节效应

对于团队冲突中介作用的调节效应的检验，我们同样采用了 5000 次拔靴法，结果显示，95% 的置信区间为［0.007，0.046］（见表 7-6），该区间不包含 0，表明被调节的中介效应显著。这意味着，权力合法性通过团队冲突在权力分布差异与团队创新绩效之间起中介作用方面同样起到了显著的调节作用。为了进一步验证结果的可靠性，我们进行了蒙特卡洛模拟检验，结果显示，权力合法性调节团队冲突的中介效应的95%置信区间为［0.013，0.058］，该区间同样不包含0，进一步确认了被调节的中介效应显著，H_6得到了验证。

表7-6　团队冲突被调节的中介效应分析结果

	估计值	标准误	95%置信区间
高权力合法性	0.056	0.039	［0.012，0.055］
低权力合法性	0.060	0.014	［0.014，0.072］
被调节的中介	0.033	0.054	［0.007，0.046］

这一发现表明，权力合法性在权力分布差异与团队冲突之间起到了重要的调节作用。当团队成员对权力结构的合法性感知较高时，权力分布差异对团队冲突的负向影响会得到一定程度的缓解。这可能是因为在权力合法性较强的情况下，团队成员更加接受和认同领导的决策和分配，不容易产生过度的权力斗争和对立情绪。相反，当权力合法性较低时，团队成员可能对权力分配产生更多的不满和质疑，从而激化冲突，进而对团队创新绩效产生负面影响。

第五节　双路径模型视角下团队权力正负效应的研究结论与启示

一、研究结论

本研究深入探讨了权力分布差异对团队创新绩效的影响，并通过多种理论视角分析了其中的机制路径，以下是本研究的主要结论。

（一）权力分布差异的“双刃剑”效应

权力配置的集中或分散在团队创新中具有两面性，呈现出明显的“双刃剑”效应。一方面，从权力功能主义视角来看，权力分布差异有助于通过提升团队协调性来优化团队内部的工作分工和资源配置。具体来说，权力差异通过促进团队成员之间的协作和互动减少了不同意见的对立，帮助团队形成统一的行动计划，从而增强了团队的创新能力和绩效。另一方面，从权力冲突理论角度出发，权力分布差异可能引发团队内部的冲突和权力斗争，激化团队成员之间的矛盾，导致人际关系的恶化，进而对团队创新绩效产生负面影响。综合来看，这一结论验证了权力分布差异对团队创新的影响是双向的，不同的视角和理论基础导致了对这一现象的不同解释。

（二）团队协调的正向作用对团队冲突负向作用的平衡

本研究的实证分析表明，权力分布差异对团队创新绩效的总体影响是正向的，尽管其通过团队冲突路径可能引发负向效应，但团队协调路径的正向作用有效抵消了这一负向影响。这一发现与 Greer 等人（2018）的元分析结论相悖，后者认为权力冲突理论在解释权力分布差异的作用时压倒性地战胜了权力功能主义。然而，本研究发现这一结论的差异可能与团队所从事的创新任务类型密切相关。根据权变理论（Contingency Theory），权力分布差异对团队绩效的影响受到任务类型的调节。例如，对于简单任务，创新并不需要广泛征询成员的意见，权力分布差异能够更好地发挥其功能主义的正向作用；而对于更复杂的任务，权力差异可能导致更多的冲突，进而影响团队的创新成果。中国大部分企业在研发投入和高质量专利产出方面相对不足，因此，权力分布差异在这些情境下更可能发挥积极作用，推动团队创新。

（三）权力合法性的调节作用

本研究验证了权力合法性在权力分布差异与团队创新绩效之间的调节作用。具体而言，权力合法性作为调节变量在两方面发挥了重要作用：①正向影响。当团队成员认为当前的权力分布是合理且正当时，他们倾向于接受自身在团队中的角色分工并遵循组织规章制度。这种认同感和遵从性有助于减少团队内部的冲突和摩擦，从而增强团队成员之间的合作，进一步提升团队的创新效率。在这种情境下，权力分布差异通过促进团队协调性来增强团队创新绩效。②负向影响。权力合法性不仅在促进团队协调方面发挥正向作用，还能在权力分布差异引发团队冲突时起到抑制作用。具体来说，当权力分布的合法性被团队成员认可时，冲突的程度会较低，从而减少权力分布差异对团队冲突的负向影响。研究发现，权力合法性水平越高，权力分布差异通过团队协调的路径对团队创新绩效的正向影响越强，而通过团队冲突路径的负向影响则越弱。

二、理论贡献

本研究对权力分布差异与团队创新绩效之间的关系进行了深入探讨，并提出了若干创新性理论贡献，主要体现在以下两个方面。

（一）构建了权力分布差异效用的双向作用路径，系统地解释了其不确定性影响

以往的元分析研究普遍认为，权力分布差异对团队创新绩效具有“双刃剑”效应，既可以带来建设性效果，也可能产生破坏性作用（Greer et al., 2017; Greer et al., 2018）。然而，这种“双刃剑”效应主要集中在权力分布差异的单一作用路径上，缺乏对其双向作用路径的深入分析。在现有研究中，往往将这种作用割裂开来，过于强调某一机制的重要性，从而忽视了权力分布差异对团队创新绩效的复杂影响（Bunderson et al., 2016）。有学者提出，应从多路径的角度来构建权力分布差异的理论模

型，以更全面地理解其作用机制（谢江佩，蒋旻天，王永跃，2020）。针对这一研究空白，本研究在同一理论框架内同时探讨了权力分布差异的建设性作用路径和破坏性作用路径。具体而言，团队协调路径表明，权力分布差异能够通过促进团队内部的协作、增进成员之间的互动与沟通，从而提高团队创新绩效；而团队冲突路径则揭示了权力分布差异可能激发团队内部的权力斗争与冲突，导致成员之间的矛盾和对立，从而损害团队的创新能力。通过同时分析这两种机制，本研究系统地解释了权力分布差异对团队创新绩效的双重影响，深化了权力分布差异的理论研究，并为今后相关研究提供了多路径模型的理论支持。

（二）拓展了权力分布差异的边界条件研究，提出了权力心理因素的重要作用

虽然以往的研究已经认识到权力分布差异对团队过程和结果的影响，但关于权力心理因素，尤其是权力感知在其中的作用，仍未给予足够重视。权力感知直接影响团队成员对权力再分配的态度与行为，从而影响团队内部权力结构的稳定性与有效性（Greer, 2014）。在团队中，权力分布的差异不仅是一个客观存在的事实，更是团队成员主观认知的结果，这种心理认知在权力分配差异的作用机制中起到了至关重要的作用（朱玥，等，2019; Greer et al., 2017）。具体来说，团队成员对权力分布的认同感、对其合法性的感知，将直接决定其对权力差异的反应，从而影响团队的协调和冲突动态。为弥补这一研究空白，本研究引入了权力合法性作为调节变量，考察了其在权力分布差异对团队创新绩效影响中的调节作用。通过实证分析，本研究发现，权力合法性对权力分布差异与团队创新绩效之间的关系具有重要调节作用。在高权力合法性的情境下，权力分布差异能够通过增强团队协调、减少团队冲突，从而促进团队创新绩效；而在低权力合法性下，权力分布差异则更容易激化团队冲突，抑制创新成果的产出。这一发现不仅揭示了权力感知在团队中的作用，

丰富了权力分布差异的研究内容，也为今后权力分布差异研究提供了一个新的思路和理论框架。

三、实践启示

（一）辩证地看待权力配置问题

本研究进一步证实了权力分布差异的双向效应：既可以通过团队协调路径正向促进团队创新绩效，又可能通过团队冲突路径负向影响创新绩效。基于这一发现，组织在权力配置过程中应采取更加辩证和灵活的策略。首先，组织应充分利用权力分布差异的建设性作用，合理配置权力资源，明确群体内部的上下级关系，并且强化领导权威。这可以帮助理顺群体内部的关系链条，避免成员间的无序竞争和冲突，从而为团队创造良好的协作氛围。例如，在团队中，领导应明确其决策的权威性，同时鼓励成员之间的有效沟通与分工合作，避免由于权力差异导致的不必要的矛盾和冲突。然而，另一方面，组织也应认识到权力分布差异的破坏性作用，适当打破群体内部的权力壁垒，避免因权力等级过于僵化而导致的权力争斗与内部冲突。具体来说，组织可以为低权力者提供晋升机会，鼓励权力资源的流动性，防止出现权力结构中的封闭现象。这不仅有助于增强团队成员的动力，还能促进团队内部的公平性和凝聚力，防止因权力争夺而影响团队的创新绩效。因此，在实际操作中，组织需要根据任务类型、团队文化及具体情境等因素，灵活调整权力配置策略，从而最大化权力分布差异的建设性作用，减轻其可能带来的负面效应。

（二）发挥权力合法性感知在权力结构设计中的作用

权力合法性感知是团队成员对权力分布结构合理性和正当性的感知，它对权力分布差异的效用发挥起着重要的调节作用。本研究实证发现，只有在权力合法性感知较强的情况下，权力分布差异才能通过促进团队协调、减少内部冲突，从而提高团队创新绩效。基于这一发现，企业在设计和调整团队权力结构时，必须注重权力合法性感知的提升。首先，企业应确保权力资源的分配具有公平性、透明性、合理性及程序规范性，以增强团队成员对当前权力分布结构的认同感和接受度。例如，权力资源分配时要避免出现过度集中或过度分散的现象，确保领导与成员之间的关系建立在公正和合理的基础上。其次，组织应注重成员的价值感知，充分肯定每一位团队成员的贡献和作用。在团队管理中，领导者应及时给予具有贡献的成员正面的反馈和评价，避免出现高权力者独揽功劳的情况。这不仅能增强团队成员的归属感和合作意愿，还能减少由于权力不公带来的负面情绪和冲突，从而提升团队的整体创新绩效。此外，企业还应通过培训、沟通等手段，加强团队成员对权力结构合理性的认知，使其在日常工作中更加自觉地遵守权力规则与制度，促进团队的高效协作与创新。

（三）优化权力结构和团队创新管理策略

企业不仅要关注权力分配的结构性调整，还需要关注如何通过设计合理的权力框架来激发团队成员的创新潜力。具体而言，组织可以采用“分层领导”的策略，利用权力分配差异化的特性，推动团队成员在不同层次上的创新参与。例如，鼓励团队成员在各自职责范围内提出创新想法和方案，领导者则负责对其进行筛选和整合。这种“授权式领导”不仅能增强成员的责任感，还能够通过权力分配的差异促进不同层级成员之间的知识共享与创新碰撞。此外，组织还应通过定期的团队反馈机制，评估和调整团队的权力分布及创新管理策略，确保团队在不断变化的市场和环境中保持灵活性与创新性。权力结构的动态调整，能够为团队提供适应环境变化、应对外部竞争压力的能力，从而在不断变化的市场竞争中保持领先地位。

四、不足与研究方向

尽管本研究取得了一定的研究成果，但仍存在一些不足之处，以下是主要的不足与未来研究方向。

（一）研究模型的多层次构建不足

本研究采用了双路径方式，从团队层面探讨了权力分布差异对团队创新绩效的影响。然而，现有研究表明，权力分布差异对团队创新绩效的影响不仅仅是团队层面的单一作用，而是权力分布差异与个体层面及团队层面多种过程变量交互作用的结果。例如，权力分布差异可能会通过个体的心理反应、认知过程以及行为模式对团队创新绩效产生影响，也可能在团队层面通过团队成员的互动、沟通和合作模式进行放大或减弱。因此，未来的研究应考虑跨层次的多层次理论框架，将个体层面、团队层面甚至组织层面的变量综合纳入分析，以更全面地理解权力分布差异对团队创新绩效的影响机制。特别是，基于多层次分析原则，构建一个完整的、跨层次的理论模型，不仅可以丰富理论视角，还能更好地揭示不同层面之间的相互作用和影响。

（二）团队冲突的类型化研究不足

本研究确立了团队冲突在权力分布差异对团队创新绩效影响中的关键作用，但团队冲突在本研究中仅作为单一维度变量进行考察。实际上，团队冲突可以根据不同的维度和类型进行分类，如任务冲突、关系冲突、过程冲突等。这些不同类型的冲突对团队绩效的影响是不同的，有些冲突可能促进团队的创新和讨论，而有些冲突则可能导致成员之间的摩擦，影响团队的协作与创新能力。因此，未来的研究可以从团队冲突的多维视角出发，探讨不同类型冲突对权力分布差异影响团队创新绩效的作用机制，尤其是通过区分任务冲突和关系冲突的不同路径来研究它们如何分别通过权力分布差异路径影响团队绩效，以验证不同类型冲突路径的差异性作用。

（三）权力概念的局限性与文化差异

本研究将权力分布差异主要界定为基于资源观的正式权力，关注的是来源于职务和个人的权力。然而，权力的来源和运作并非仅限于正式的职务权力。在中国儒家文化的背景下，权力的来源更加复杂，不仅是职务赋予的权力，个人在团队中的地位和人际关系往往也影响着权力的运作与影响力。学者们已经指出，关系权力作为一种非正式权力，通常通过人际关系、社会互动以及文化规范影响权力的分配和决策的走向（Zhao et al., 2016）。在中国文化中，关系网和人际互动常常决定着资源的分配和社会结构的运作。因此，未来的研究应考虑到文化背景对权力分布的影响，特别是应进一步探讨非正式权力（如关系权力）对权力分布差异及团队创新绩效的作用。基于中国本土文化背景的权力概念扩展，不仅有助于更准确地理解权力分布差异对团队创新的影响，也能为跨文化管理研究提供新的视角和理论框架。

（四）权力分布差异的动态研究

尽管本研究探讨了权力分布差异对团队创新绩效的影响，但这一影响并非静态的。权力的分布和运作通常会随团队成员的角色变化、组织环境的变化以及任务性质的变化而动态变化。因此，未来的研究可以进一步探讨权力分布差异的动态过程，研究其随时间的变化对团队创新绩效的影响。这将有助于揭示权力分布差异如何在不同阶段、不同任务类型下影响团队的创新行为和绩效，进一步丰富对权力分布效用的理解。

（五）权力的情境化研究

本研究主要考察了权力分布差异对团队创新绩效的普遍影响，未来研究可以更加关注情境因素对这种关系的调节作用。例如，团队的工作类型、团队成员的个性特征、团队的文化背景等因素可能在不同情境下对权力分布差异产生不同的作用效果。因此，未来研究可以通过情境化的视角，深入分析这些外部和内部因素如何调节权力分布差异与团队创新绩效之间的关系，为权力管理和创新管理提供更为精准的指导。

第八章　本书研究的总体结论与展望

第一节　本书研究的总体结论

本书从系统的视角出发，深入分析了团队权力的影响机制，并揭示了团队权力配置的效率。通过结合权力功能主义和权力冲突理论，本书全面探讨了团队权力分布差异对团队绩效和创新的影响，并对其中的过程路径及调节效应进行了细致分析。研究表明，团队权力分布差异不仅能在一定条件下推动团队绩效和创新的提升，但也可能因不合理的权力配置引发团队冲突，从而对团队表现产生负面影响。以下是本书的主要研究结论。

一、权力分布差异的积极影响机制

（一）权力分布差异通过共享心智模型正向影响团队绩效

本书从团队认知的角度深入分析了权力分布差异对团队绩效的正向影响，揭示了权力分布差异通过促进共享心智模型的形成来提升团队整体效能的机制。具体而言，团队内的权力分布差异产生了高权力成员与低权力成员之间的认知结构差异，这种差异推动了不同成员在任务理解上的多元化视角和认知协调。共享心智模型指的是团队成员在执行任务过程中形成的共同认知框架，它使得团队成员能够以一致的方式理解任务的目标、执行方法以及预期结果，从而在执行任务时减少误解与冲突。研究表明，权力分布差异能够促进这一模型的形成，尤其是当高权力成员与低权力成员之间存在明显的认知差异时，团队成员往往通过互动和交流来补充并协调彼此的认知差距，从而形成更加全面和多角度的任务理解。例如，在权力分布差异较大的团队中，高权力成员通常具备更多的决策权和资源支配权，低权力成员则更依赖于高权力成员的决策指引与支持。这种依赖关系促使团队成员在任务执行中主动进行知识的共享与协调，进而形成了共享心智模型，增强了团队内部的信息流动性和沟通效率。这种认知协调能够有效提升团队的整体效能和任务完成质量。团队成员在共同认知的基础上进行有效协作，从而更高效地达成团队目标，最终提高团队的绩效水平。

（二）交互记忆系统的正向调节作用

交互记忆系统在团队中的作用不可忽视，特别是在权力分布差异的情境下，它成为促进团队绩效的关键调节变量。本书研究发现，当团队内部存在显著的权力差异时，交互记忆系统的作用尤为突出。交互记忆系统是指团队成员之间通过互动和交流，分享、整合并存储集体知识的过程。在权力分布不均的团队中，信息流动和知识的获取通常受到成员之间权力地位差异的影响，然而，交互记忆系统可以有效地优化这一过程，从而提高团队绩效。在权力分布差异较大的团队中，高权力成员通常主导信息的筛选与传播，而低权力成员则往往依赖于高权力成员提供的关键信息和决策支持。交互记忆系统能够促进这种信息的快速流动，使得高权力成员所拥有的知识能够被低权力成员有效地吸收和运用。尤其在复杂的任务情境下，低权力成员通过交互记忆系统获取高权力成员的知识支持，从而提高任务执行效率。

同时，交互记忆系统的作用不仅限于信息的传递，还体现在知识整合的能力上。团队成员之间通过不断的互动，逐渐在集体记忆中积累并整合知识，从而形成团队的"集体智慧"。这一过程的顺利进行能够提升团队成员对任务的适应性与应变能力，增强团队的协作效果，最终提高整体绩效。因此，交互记忆系统不仅在团队协作中起到促进信息流通的作用，更在权力差异的情境下，调节和优化了团队绩效的提升路径。

（三）权力分布差异通过员工角色清晰度正向作用于员工创新绩效

权力分布差异对员工创新绩效的正向影响还表现在提升员工角色清晰度方面。权力分布差异较大的团队往往伴随着成员之间职责和权力的明确划分，这种角色的清晰度直接影响员工的创新表现。权力分布差异通过强化成员对自身角色的认知，使得每个成员能够在各自的角色中发挥最大的创新潜力，从而促进整个团队的创新绩效。具体而言，权力分布较大的团队成员之间通常能够清楚地界定彼此的权力范围与职责，避免了角色冲突和角色模糊现象的发生。在这种情况下，每个团队成员都能在明确的角色定位中找到自己的定位和价值，进而提升工作动力和创新思维。例如，高权力成员在团队中承担着决策和指导的角色，而低权力成员则通过承担具体的执行任务，结合自己的创新思维，为团队贡献新的创意和解决方案。

此外，权力分布差异还能够促进成员之间的互动和交流，减少因角色不清导致的工作冲突。在一个权力差异显著的团队中，员工通常能够根据自己的权力位置和角色责任进行更加清晰的创新分工，从而减少内部竞争与冲突，提高协作效率，最终提升团队的创新绩效。因此，权力分布差异不仅在提升团队绩效方面具有正向作用，同时对员工的创新行为和创新绩效也产生积极的影响。

（四）数字化赋能的调节效应

随着数字化技术的不断进步，数字化赋能在团队管理和创新中的作用愈发显著。本书的研究揭示出，数字化赋能在权力分布差异对员工创新绩效的影响中起到了关键的调节作用。具体而言，数字化工具和平台的应用能够有效提升信息流通速度，增强团队成员之间的沟通与协作，尤其是在权力分布不平衡的团队中，数字化赋能能够通过提供更加透明和高效的沟通渠道减少权力差距带来的负面影响，提升员工的创新能力。数字化赋能能够为团队提供了更加便捷的沟通平台，帮助团队成员跨越权力差异，更加高效地分享和交流信息。在传统的权力分布较大的团队中，高权力成员通常主导着信息的流动，而低权力成员则可能面临信息不对称的困境。数字化技术的引入通过自动化的信息处理和高效的知识管理系统降低了信息获取的难度，使得低权力成员能够更快速地获取关键信息和资源支持，从而提升其创新潜力。此外，数字化赋能还通过打破地理和时空的限制为团队成员提供了更广泛的合作机会，增强了团队的协作能力，不仅使得团队内部的信息交流更加顺畅，还促进了跨部门、跨区域的协作，从而推动了创新思维的交流与碰撞。因此，数字化赋能不仅在提高团队的沟通效率和信息流通速度方面发挥了关键作用，而且在增强团队成员的创新能力方面也起到了重要的支持作用，尤其是在权力分布差异较大的团队中，数字化赋能通过消弭信息壁垒激发了员工的创新潜力，进一步提升了员工的创新绩效。

二、权力分布差异的消极影响机制

（一）权力分布差异对团队绩效的负面影响：团队冲突的中介作用

尽管权力分布差异在某些情境下能够带来积极影响，但其对团队绩效的影响并非全是正向的。基于权力冲突理论，本书分析了权力分布差异对团队绩效的消极影响，揭示了权力差异可能引发的团队冲突及其对团队绩效的负面影响。研究表明，权力分布差异可能在团队内部引发任务冲突和关系冲突，这些冲突会严重影响团队的整体表现。任务冲突是指由于对任务分配、执行方法、目标等方面的意见不合而产生的冲突；关系冲突则主要源于团队成员间的个人不和、情感纠葛或对彼此行为的误解。在权力较大的成员与低权力成员之间，权力的不平等往往会导致意见分歧，特别是在任务分配和执行上常常产生矛盾。例如，高权力成员可能会认为自己有权利做出决策，而低权力成员则可能感到被忽视或无力表达自己的意见，这种不平衡的权力关系常常导致任务冲突的产生。此外，权力差异还可能引发关系冲突。当高权力成员与低权力成员之间存在显著的权力不平等时，低权力成员可能感受到不公和不满，这种负面情绪如果得不到有效调节，就容易转化为关系冲突。这种冲突不仅会影响团队的和谐氛围，还可能损害成员之间的信任，削弱团队的合作能力，最终导致团队绩效的下降。因此，尽管权力分布差异可能激发团队创新的潜力，但它也可能成为团队内冲突的温床，从而负向影响团队的工作效率和任务执行能力。

（二）权力一致性的调节作用

权力一致性在权力分布差异与团队绩效之间发挥着至关重要的调节作用。权力一致性指的是团队内成员对权力分配和决策机制的认同度，即团队成员是否接受当前的权力结构。在权力一致性较高的团队中，尽管存在权力分布差异，团队成员依然能够保持顺畅的合作，冲突的发生频率较低。这是因为成员能够认同并接受权力差异的存在，从而减少了由于权力不均而引发的矛盾和对抗。然而，在权力一致性较低的团队中，权力分布差异往往会加剧团队成员之间的冲突，尤其是任务冲突和关系冲突。低一致性通常意味着团队成员对权力分布存在不满或不认同，这会导致高权力成员与低权力成员之间的紧张关系。在这种情况下，团队成员可能对权力分配产生疑问，进而在资源分配、决策权以及任务分配等方面产生争执。由于团队内部对权力分配的认同度较低，成员之间的合作会受到影响，冲突会成为常态，从而严重影响团队的整体绩效。因此，权力一致性能够有效缓解权力分布差异带来的负面影响，促进团队成员之间的理解与合作，提升团队的整体效能。组织在设计团队结构和制定权力分配时，应考虑如何提高团队的权力一致性，确保团队成员能够合理理解和接受权力差异，从而减少冲突，促进协作和绩效提升。

（三）权力争夺是团队冲突的关键解释变量

权力争夺是导致团队冲突的重要原因之一，尤其在权力分布不均的团队中，高权力者与低权力者之间往往会形成竞争关系。这种竞争不仅存在于资源分配、决策权和任务控制等方面，还可能渗透到个人情感和价值观的层面，最终成为团队内部冲突的根源。在一个权力差异较大的团队中，权力争夺常常成为成员之间冲突的核心。高权力成员可能会通过强化自己的决策权和控制权来巩固其地位，而低权力成员则可能试图通过各种方式争取更多的权力和资源。这种权力争夺不仅会导致任务冲突，还可能激化关系冲突，特别是在资源紧张或目标冲突的情况下，团队成员的情感和利益诉求往往会与权力分配产生冲突。权力争夺的加剧往往使得团队成员之间的信任受到侵蚀，合作意愿下降，团队的凝聚力和协作精神受到影响。这种冲突氛围不仅降低了团队的工作效率，还可能导致团队成员的离职或团队分裂。因此，权力争夺是一个值得特别关注的变量，组织需要在团队管理中找到有效的方式来缓解权力争夺对团队关系和绩效的负面影响，例如通过明确角色分工、强化沟通机制以及构建公平的资源分配体系来减少成员之间的权力冲突。

（四）权力距离对冲突的抑制作用

权力距离在权力分布差异对团队冲突的影响中起到了重要的抑制作用。权力距离是指团队成员之间对权力不平等的容忍度和接受度。高权力距离指的是团队成员之间对权力差异的接受程度较高，而低权力距离则意味着团队成员希望权力分布更加平等。权力距离的大小直接影响着团队成员对权力分布差异的反应和冲突发生的可能性。在权力距离较大的团队中，成员对权力不平等的接受度较高，这使得即便存在较大的权力分布差异，团队成员仍然能够平和地看待这种差异。高权力成员与低权力成员之间的权力差异不会引发激烈的冲突，反而会通过一种默契的接受和协作模式，使得团队成员能够专注于任务的完成而非权力的争夺。在这种情况下，权力分布差异并不会成为冲突的导火索，团队的协作效率和稳定性较高。相反，在权力距离较小的团队中，成员通常期望更加平等的权力结构，任何形式的权力不平等都会引发成员的不满和抵触。当权力分布差异较大时，团队成员可能会感到不公或受压制，从而产生对抗性行为，进而引发冲突。因此，权力距离较大的团队较少发生因权力差异而引发的冲突，成员之间更容易接受权力不平等所带来的影响。

三、权力对团队创新绩效的双路径模型

（一）权力分布差异通过团队冲突路径影响团队创新

在本书的双路径模型中，权力分布差异对团队创新绩效的影响通过团队冲突路径来体现。具体而言，权力分布差异较大的团队，成员之间

的任务冲突和关系冲突更易加剧，而这些冲突成为可阻碍团队创新的关键因素。任务冲突通常源于团队成员对工作分配、任务目标及执行方式的分歧，关系冲突则多由成员间的个人矛盾、情感摩擦或对彼此行为的误解所引发。这种冲突不仅影响团队的内部协调，还阻碍了创新资源的有效整合，进而导致团队创新绩效的下降。冲突产生的信息障碍和沟通不畅降低了团队成员之间的信任度和协作意愿，创新思维的碰撞也可能转变为负面的情绪对抗，进而妨碍创新方案的形成和执行。例如，高权力成员可能主导决策，导致低权力成员缺乏参与感和归属感，进而产生不满情绪，这不仅会影响团队气氛，还会使得创新的多样性和灵活性受到限制。因此，虽然权力分布差异可以在某些情境下促进创新，但过度的差异和冲突无疑会对团队的创新表现产生消极影响，特别是在缺乏有效冲突管理的团队中。

（二）权力分布差异通过团队协调路径影响团队创新

与冲突路径相对的是团队协调路径，它体现了权力分布差异通过促进团队内部的协调与合作积极推动创新进程的机制。研究表明，适当的权力分布差异能够帮助团队明确成员的角色定位和任务分配，进而增强团队的协调性。在权力较为均衡的团队中，成员之间能够通过明确的分工和协作更好地发挥各自的优势，共同推动创新进程。权力分布的差异并不必然导致冲突，反而可以帮助团队成员聚焦于各自的核心职责，形成互补的协作模式。例如，高权力成员可以在战略决策和资源分配方面提供指导，而低权力成员则能在具体执行和创新细节上发挥更大的主动性和创造力。这样的分工有助于提升团队的工作效率和创新绩效。此外，权力分布差异能够促进权威性和责任感的提升，特别是在跨职能团队或多领域合作的情况下，团队成员根据自己的专长和职责分配任务，能够形成良好的互动模式，这对创新来说至关重要。通过有效的团队协调，成员能够在彼此尊重的基础上共享知识、交换意见和改进创新方案。因此，权力分布差异在一些特定的环境下，通过提升团队协调性，可以正向影响团队的创新表现。

（三）权力合法性的调节作用

权力合法性是权力分布差异对团队创新绩效影响的关键调节因素。研究发现，团队中的权力分布如果合法且受到团队成员的广泛认同，那么成员更愿意接受这种差异，并根据既定的角色和职责进行协作。在这种情况下，权力分布差异能够有效促进团队成员之间的创新协作，提升团队整体的创新绩效。当团队成员普遍认同权力分配的合理性时，他们更愿意在各自的角色范围内发挥创新潜力。在这种情况下，权力的合法性为团队成员提供了清晰的角色期望和责任感，避免了因权力分配不公引发的不满情绪。例如，高权力者可能主导决策和资源配置，但如果这种行为是透明和公开的，且拥有充分的理由和团队支持，低权力者往往能够更容易地接受和配合，从而增强团队的凝聚力和创新动力。相反，在缺乏权力合法性的情况下，团队成员可能会因感到权力的不公平分配而产生负面情绪，从而降低团队的创新绩效。如果成员对权力结构的合理性产生怀疑或不满，他们可能会陷入消极情绪，甚至抵制创新流程，影响创新资源的有效配置和团队的整体合作。因此，权力合法性的建立不仅关系到团队的稳定性，也决定了权力差异是否能够发挥其正向效应。

四、综合视角下的结论与启示

本书结合权力功能主义与权力冲突理论，从多个角度深入分析了团队权力分布差异的影响机制。研究表明，团队权力配置不仅在认知、行为和情感层面上产生复杂的影响，还通过权力分布差异的多重路径影响团队绩效与创新。具体来说，权力分布差异通过共享心智模型和交互记忆系统正向影响团队绩效，通过角色清晰度和数字化赋能提升员工创新绩效。然而，权力分布差异也可能通过引发任务冲突和关系冲突对团队绩效产生负面影响，特别是在权力一致性较低和权力争夺严重的情境中。因此，团队管理者应注重合理配置团队中的权力分布，建立适当的权力距离和权力一致性，减少不必要的权力冲突，以促进团队的绩效提升与创新能力的发挥。通过本书的研究，团队管理者可以更好地理解权力分布差异在团队中的作用，避免因权力冲突导致的负面后果，并利用权力的积极影响机制来推动团队的创新与绩效提升。

第二节　本书研究的局限性与展望

本书深入探讨了团队权力的影响机制，揭示了团队权力配置效率的双重影响，不仅分析了权力分布差异对团队绩效和创新的正向作用，还探讨了其潜在的负面影响。然而，尽管本书的研究成果丰富、视角多维，但仍存在一些局限性，这些局限性为未来的研究提供了进一步的探索空间。

一、理论视角的局限性

本书主要基于权力功能主义和权力冲突理论来分析团队权力配置的影响。尽管这两种理论为研究提供了深刻的洞察力，但它们也存在一定的局限性。首先，权力功能主义侧重于分析权力配置如何优化团队的功能，强调权力分布的积极效应，但这一理论框架未能充分解释权力分布失衡时可能引发的长期消极后果。其次，权力冲突理论则重点关注权力差异引发的冲突与负面影响，但它忽略了个体在权力分配过程中的认知差异和行为动态。因此，本书的理论框架虽然全面，但尚未完全考虑到个体与团队层面的多样性、复杂性以及权力动态的长期演化。未来的研究可以进一步整合其他理论视角，如社会交换理论、资源依赖理论以及社会身份理论等，以更全面地理解权力分布差异的复杂性和多维性。此外，结合跨文化比较研究，探索不同文化背景下的团队权力动态，也将为该领域提供更多的理论启示。

二、研究方法的局限性

本书采用了定量研究的方法，基于问卷调查的数据分析了团队权力分布差异、团队绩效、创新以及冲突等变量之间的关系。然而，问卷调查数据容易受到响应偏差的影响，且很难捕捉到权力动态的复杂性和实时性。此外，本书的样本主要集中在特定行业和地区（如浙江省的企业），这使得研究结果的外部效度受到一定限制。未来的研究可以采用多方法的组合，例如结合定性访谈与案例研究，以深入了解权力分布差异对团队行为的长期影响。此外，可以扩大样本范围，涵盖不同地区、不同类型的企业，以及跨国公司的团队，以提高研究的广泛适用性。

三、权力分布差异的测量问题

本书在分析团队权力分布差异时主要依赖了团队成员自我报告的数据，这种测量方法可能存在一定的偏差，尤其是当团队成员的权力认知存在较大差异时，测量结果可能无法准确反映实际的权力分布情况。未来的研究可以考虑采用更多客观测量方法，如团队成员的角色、职位等级、决策权等，以更准确地反映权力分布差异的实际情况。此外，还可以探索权力的感知差异在不同团队成员之间的影响，尤其是在跨层级、跨部门的团队中，权力分布差异的影响可能更加复杂。

四、忽略了外部环境因素的作用

本书的研究主要集中在团队内部的权力配置和成员之间的互动，较少考虑外部环境因素对团队权力配置的影响。例如，组织文化、领导风格、行业特征、市场竞争态势等外部因素可能对团队权力分布和绩效产生重要影响。未来的研究可以将外部环境因素纳入分析框架，探讨它们与团队内部权力分布的交互作用及影响团队绩效和创新的机制。例如，领导的变革型领导风格、团队的技术支持环境等都可能会对权力分布的效果产生显著的调节作用。

五、团队创新绩效的多维性考量不足

本书虽然探讨了团队权力分布差异对创新绩效的影响，但创新本身是一个复杂的、多维度的过程，涉及知识共享、创意生成、技术实施等多个方面。研究集中在了团队冲突和协调这两条路径上，但未能充分考虑创新过程中的其他关键因素，如创新文化、资源支持以及外部知识获取等。未来的研究可以进一步细化团队创新绩效的多维性，探讨不同类型的创新（如产品创新、流程创新、管理创新等）在不同权力分布下的表现。同时，可以结合跨学科的视角，如组织行为学、创新管理学等，全面评估团队权力分布对创新的影响机制。

六、时效性和动态性的问题

本书的研究主要采取静态分析，未能充分考虑权力分布差异的动态变化及其对团队绩效和创新的长期影响。随着团队的成长、成员之间关系的演变以及外部环境的变化，权力分布可能会发生变化，这种变化如何影响团队绩效和创新值得进一步探讨。未来的研究可以通过纵向研究设计，探讨权力分布差异在不同发展阶段对团队绩效和创新的长期影响。此外，动态模型的应用将有助于揭示权力分布是如何随着团队成员的互动和任务的变化而发生调整，从而为权力管理提供更加实用的指导的。

七、权力合法性的作用机制未深入挖掘

本书在讨论权力分布差异对团队创新的双路径模型时提出了权力合法性在缓解负向效应中的作用，但对于权力合法性如何影响团队成员的行为和态度，尤其是其与团队文化、组织政治等因素的交互作用方面，研究尚显不足。未来的研究可以进一步探讨权力合法性与组织文化、团队氛围、领导风格等因素的互动关系，揭示权力合法性在不同组织情境

下的多维作用机制，考察权力合法性对团队成员心理契约的影响，以及它是如何塑造团队成员的期望和行为的。

八、研究对象的局限性

本书的研究对象主要集中于中国浙江省的企业团队，尽管这些团队涵盖了不同的行业和部门，但样本的地域性限制了研究结果的普遍性。在跨文化环境下，团队成员对权力的认知和反应可能会有所不同，尤其是在不同国家或文化背景下的团队。未来的研究可以考虑进行跨文化比较，探讨不同文化背景下权力分布差异对团队绩效和创新的影响。例如，在西方文化和东方文化中，权力距离的接受程度、团队成员的权力认知可能存在显著差异，这将影响权力分布差异对团队的作用效果。

综上所述，本书为团队权力的影响机制提供了理论贡献，并为实践中的团队管理和创新提供了借鉴。然而，研究的局限性也为未来的研究提供了多方面的展望。未来的研究可以进一步拓宽视角，采用多方法的组合，深化对权力分布差异的动态理解，并纳入更多外部环境因素，探索其在不同文化背景和行业中的应用。此外，未来的研究还应更加关注团队创新的多维度影响，探讨权力合法性、组织文化等因素在团队权力配置中的作用机制，从而为团队管理和组织发展提供更加深入的理论支持和实践指导。

参考文献

[1] Adamovic, M. (2022). How does employee cultural background influence the effects of telework on job stress? The roles of power distance, individualism, and beliefs about telework. *International Journal of Information Management, 62*, 102–437.

[2] Adams, J. S. (1965). Inequity in social exchange. *Advances in experimental social psychology, 2*, 267–299.

[3] Aime, F., Humphrey, S., DeRue, D. S., & Paul, J. B. (2014). The riddle of heterarchy: Power transitions in cross–functional teams. *Academy of Management Journal, 57*(2), 327–352.

[4] Anderson, C., Ames, D. R., & Gosling, S. D. (2008). Punishing hubris: The perils of overestimating one's status in a group. *Personality and Social Psychology Bulletin, 34*(1), 90–101.

[5] Anderson, C., & Brion, S. (2014). Perspectives on power in organizations. *Annu. Rev Organ Psychol Organ Behav, 1*(1), 67–97.

[6] Anderson, C., & Brown, C. E. (2010). The functions and dysfunctions of hierarchy. *Research in Organizational Behavior, 30*, 55–89.

[7] Anderson, C., & Galinsky, A. D. (2006). Power, optimism, and risk-taking. *European journal of social psychology, 36*(4), 511–536.

[8] Anderson, C., & Kilduff, G. J. (2009). The pursuit of status in social groups. *Current Directions in Psychological Science, 18*(5), 295–298.

[9] Anderson, C., Kraus, M. W., Galinsky, A. D., & Keltner, D. (2012). The local–ladder effect: Social status and subjective well–being. *Psychological*

science, *23*(7), 764–771.

[10] Anderson, C., & Willer, R. (2014). *Do status hierarchies benefit groups? A bounded functionalist account of status*. New York, Springer.

[11] Andrews, R. (2010). Organizational social capital, structure and performance. *human relations*, *63*(5), 583–608.

[12] Anicich, E. M., Fast, N. J., Halevy, N., & Galinsky, A. D. (2016). When the bases of social hierarchy collide: Power without status drives interpersonal conflict. *Organization Science*, *27*(1), 123–140.

[13] Anicich, E. M., Swaab, R. I., & Galinsky, A. D. (2015). Hierarchical cultural values predict success and mortality in high-stakes teams. *Proceedings of the National Academy of Sciences*, *112*(5), 1338–1343.

[14] Antonakis, J., Bendahan, S., Jacquart, P., & Lalive, R. (2010). On making causal claims: A review and recommendations. *The leadership quarterly*, *21*(6), 1086–1120.

[15] Argyris, C. (1957). The individual and organization: Some problems of mutual adjustment. *Administrative science quarterly*, 1–24.

[16] Bachrach, D. G., Lewis, K., Kim, Y., Patel, P. C., Campion, M. C., & Thatcher, S. (2019). Transactive memory systems in context: A meta-analytic examination of contextual factors in transactive memory systems development and team performance. *Journal of Applied Psychology*, *104*(3), 464–493.

[17] Bales, R. F., Strodtbeck, F. L., Mills, T. M., & Roseborough, M. E. (1951). Channels of communication in small groups. *American Sociological Review*, *16*(4), 461–468.

[18] Bass, B. M., & Bass, R. (2008). *The Bass handbook of leadership: Theory, research, and managerial applications*. New York : Free Press.

[19] Bargh, J. A., & Chartrand, T. L. (1999). The unbearable automaticity of being. *American psychologist*, *54*(7), 462–479.

[20] Bavelas, J. B., Black, A., Bryson, L., & Mullett, J. (1988). Political equivocation: A situational explanation. *Journal of Language and Social psychology*, *7*(2), 137–145.

[21] Bendersky, C., & Hays, N. A. (2012). Status conflict in groups. *Organization*

Science, *23*(2), 323–340.

[22] Berdahl, J. L., & Martorana, P. (2006). Effects of power on emotion and expression during a controversial group discussion. *European journal of social psychology*, *36*(4), 497–509.

[23] Berger, J., Cohen, B. P., & Zelditch Jr, M. (1972). Status characteristics and social interaction. *American sociological review*, 241–255.

[24] Bierhals, R., Schuster, I., Kohler, P., & Badke-Schaub, P. (2007). Shared mental models—linking team cognition and performance. *CoDesign*, *3*(1), 75–94.

[25] Biggart, N. W., & Hamilton, G. G. (1984). The power of obedience. *Administrative Science Quarterly*, 540–549.

[26] Bird, M., Andric, M., & Hellerstedt, K. M. K. (2020). The influence of entrepreneurial teams' structural power inequality on firm performance. In *Academy of Management Proceedings*. Briarcliff Manor, NY 10510: Academy of Management.

[27] Blader, S. L., & Tyler, T. R. (2009). Testing and extending the group engagement model: linkages between social identity, procedural justice, economic outcomes, and extrarole behavior. *Journal of applied psychology*, *94*(2), 445.

[28] Blader, S. L., & Yu, S. (2017). Are status and respect different or two sides of the same coin?. *Academy of Management Annals*, *11*(2), 800–824.

[29] Bonner, B. L., Soderberg, A. T., Meikle, N. L., & Overbeck, J. R. (2022). The effects of experience, expertise, reward power, and decision power in groups. *Group Dynamics: Theory, Research, and Practice*, *26*(4), 309–321.

[30] Bourdieu, P. (1989). Social space and symbolic power. *Sociological theory*, *7*(1), 14–25.

[31] Boone, C., & Hendriks, W. (2009). Top management team diversity and firm performance: Moderators of functional-background and locus-of-control diversity. *Management science*, *55*(2), 165–180.

[32] Bradley, B. H., Postlethwaite, B. E., Klotz, A. C., Hamdani, M. R., & Brown, K. G. (2012). Reaping the benefits of task conflict in teams: the critical role of team psychological safety climate. *Journal of Applied Psychology*, *97*(1), 151–158.

[33] Brandon, D. P., & Hollingshead, A. B. (2004). Transactive memory systems in organizations: Matching tasks, expertise, and people. *Organization science*, *15*(6), 633–644.

[34] Bray, S. R., & Brawley, L. R. (2002). Role efficacy, role clarity, and role performance effectiveness. *Small group research*, *33*(2), 233–253.

[35] Brief, A. P., & Smith–Crowe, K. (2016). Organizations matter. *The social psychology of good and evil*, 390–414.

[36] Brinker, J., & Haasis, H. D. (2022). Power in the context of SCM and supply chain digitalization: an overview from a literature review. *Logistics*, *6*(2), 25.

[37] Bruins, J. J., & Wilke, H. A. (1992). Cognitions and behaviour in a hierarchy: Mulder's power theory revisited. *European Journal of Social Psychology*, *22*(1), 21–39.

[38] Bunderson, J. S., & Boumgarden, P. (2010). Structure and learning in self–managed teams: Why "bureaucratic" teams can be better learners. *Organization Science*, *21*(3), 609–624.

[39] Bunderson, J. S., & Reagans, R. E. (2011). Power, Distance, and Subordinates' Attitudes toward Authority: The Role of Power in Shaping Team Performance and Learning. *Administrative Science Quarterly, 56*(3), 518–552.

[40] Bunderson, J. S., Van Der Vegt, G. S., Cantimur, Y., & Rink, F. (2016). Different views of hierarchy and why they matter: Hierarchy as inequality or as cascading influence. *Academy of Management Journal*, *59*(4), 1265–1289.

[41] Butchibabu, A., Sparano–Huiban, C., Sonenberg, L., & Shah, J. (2016). Implicit coordination strategies for effective team communication. *Human factors*, *58*(4), 595–610.

[42] Buzaglo, G., & Wheelan, S. A. (1999). Facilitating work team effectiveness: Case studies from Central America. *Small group research*, *30*(1), 108–129.

[43] Cannon–Bowers, J. A., Salas, E., & Converse, S. (1993). Shared mental models in expert team decision making. *Individual and group decision making: Current issues*, *221*, 221–46.

[44] Carson, J. B., Tesluk, P. E., & Marrone, J. A. (2007). Shared leadership in

teams: An investigation of antecedent conditions and performance. *Academy of management Journal*, *50*(5), 1217–1234.

[45] Champeau, D. A., & Shaw, S. M. (2002). Power, empowerment, and critical consciousness in community collaboration: lessons from an advisory panel for an HIV awareness media campaign for women. *Women & health*, *36*(3), 31–50.

[46] Chattopadhyay, D., Bisoi, S., Biswas, B., & Chattopadhyay, S. (2010). Study of attitude regarding health care waste management among health care providers of a tertiary care hospital in Kolkata. *Indian Journal of Public Health*, *54*(2), 104–105.

[47] Chen, J., Ghardallou, W., Comite, U., Ahmad, N., Ryu, H. B., Ariza-Montes, A., & Han, H. (2022). Managing hospital employees' burnout through transformational leadership: the role of resilience, role clarity, and intrinsic motivation. *International journal of environmental research and public health*, *19*(17), 10941.

[48] Christensen, J. O., Finne, L. B., Garde, A. H., Nielsen, M. B., Sørensen, K., & Vleeshouwes, J. (2020). The influence of digitalization and new technologies on psychosocial work environment and employee health: a literature review. *STAMI-rapport*.

[49] Cijan, A., Jenič, L., Lamovšek, A., & Stemberger, J. (2019). How digitalization changes the workplace. *Dynamic relationships management journal*, *8*(1), 3–12.

[50] Clugston, M., Howell, J. P., & Dorfman, P. W. (2000). Does cultural socialization predict multiple bases and foci of commitment?. *Journal of management*, *26*(1), 5–30.

[51] Cohen, S. G., & Bailey, D. E. (1997). What makes teams work: Group effectiveness research from the shop floor to the executive suite. *Journal of management*, *23*(3), 239–290.

[52] Cole, M. S., Carter, M. Z., & Zhang, Z. (2013). Leader–team congruence in power distance values and team effectiveness: The mediating role of procedural justice climate. *Journal of Applied Psychology*, *98*(6), 962.

[53] Curşeu, P. L., & Sari, K. (2015). The effects of gender variety and power disparity

on group cognitive complexity in collaborative learning groups. *Interactive Learning Environments*, *23*(4), 425–436.

[54] Davis, J. H., Laughlin, P. R., & Komorita, S. S. (1976). The social psychology of small groups: Cooperative and mixed–motive interaction. *Annual review of Psychology*, *27,* 501–541.

[55] De Hoogh, A. H., Greer, L. L., & Den Hartog, D. N. (2015). Diabolical dictators or capable commanders? An investigation of the differential effects of autocratic leadership on team performance. *The Leadership Quarterly*, *26*(5), 687–701.

[56] De Dreu, C. K., & Van Vianen, A. E. (2001). Managing relationship conflict and the effectiveness of organizational teams. *Journal of Organizational Behavior: The International Journal of Industrial, Occupational and Organizational Psychology and Behavior*, *22*(3), 309–328.

[57] De Dreu, C. K., & Weingart, L. R. (2003). Task versus relationship conflict, team performance, and team member satisfaction: a meta–analysis. *Journal of applied Psychology*, *88*(4), 741–749.

[58] De Cremer, D., Tyler, T. R., & den Ouden, N. (2005). Managing cooperation via procedural fairness: The mediating influence of self–other merging. *Journal of Economic Psychology*, *26*(3), 393–406.

[59] De Hoogh, A. H., Greer, L. L., & Den Hartog, D. N. (2015). Diabolical dictators or capable commanders? An investigation of the differential effects of autocratic leadership on team performance. *The Leadership Quarterly*, *26*(5), 687–701.

[60] De Jong, B. A., & Elfring, T. (2010). How does trust affect the performance of ongoing teams? The mediating role of reflexivity, monitoring, and effort. *Academy of Management Journal*, *53*(3), 535–549.

[61] De Wit, F. R., Greer, L. L., & Jehn, K. A. (2012). The paradox of intragroup conflict: a meta–analysis. *Journal of applied psychology*, *97*(2), 360–390.

[62] Deutsch, M. (2015). Cooperation, competition, and conflict. *Morton Deutsch: A pioneer in developing peace psychology*. Springer, Cham.

[63] Dewett, T. (2007). Linking intrinsic motivation, risk taking, and employee creativity in an R&D environment. *R&d Management*, *37*(3), 197–208.

[64] De Wit, F. R., Greer, L. L., & Jehn, K. A. (2012). The paradox of intragroup conflict: a meta-analysis. *Journal of applied psychology*, *97*(2), 360–390.

[65] Dijke, M. V., & Poppe, M. (2004). Social comparison of power: Interpersonal versus intergroup effects. *Group Dynamics: Theory, Research, and Practice*, *8*(1), 13–26.

[66] Dongqing, H., & Qinxuan, G. (2022). Effect of Team Power Distance and Collectivism on Team Creativity: From the Perspective of Shared Leadership. *Management Review*, *34*(5), 167–175.

[67] Dougherty, D. (1992). Interpretive barriers to successful product innovation in large firms. *Organization science*, *3*(2), 179–202.

[68] Eagly, A. H., & Karau, S. J. (2002). Role congruity theory of prejudice toward female leaders. *Psychological review*, *109*(3), 573–598.

[69] Eibl-Eibesfeldt, I. (1989). Familiality, xenophobia, and group selection. *Behavioral and Brain Sciences*, *12*(3), 523.

[70] Eisenhardt, K. M., & Bourgeois III, L. J. (1988). Politics of strategic decision making in high-velocity environments: Toward a midrange theory. *Academy of management journal*, *31*(4), 737–770.

[71] Elangovan, A. R., & Xie, J. L. (1999). Effects of perceived power of supervisor on subordinate stress and motivation: The moderating role of subordinate characteristics. *Journal of Organizational Behavior: The International Journal of Industrial, Occupational and Organizational Psychology and Behavior*, *20*(3), 359–373.

[72] Emerson, T. I. (1962). Toward a general theory of the First Amendment. *Yale Lj*, *72*, 877.

[73] Emmerling, R. J., & Boyatzis, R. E. (2012). Emotional and social intelligence competencies: cross cultural implications. *Cross Cultural Management: An International Journal*, *19*(1), 4–18.

[74] Farmer, S. M., & Aguinis, H. (2005). Accounting for subordinate perceptions of supervisor power: an identity-dependence model. *Journal of Applied Psychology*, *90*(6), 1069–1083.

[75] Fehr, E., Herz, H., & Wilkening, T. (2013). The lure of authority: Motivation and incentive effects of power. *American Economic Review*, *103*(4), 1325–1359.

[76] Finkelstein, S. (1992). Power in top management teams: Dimensions, measurement, and validation. *Academy of Management journal*, *35*(3), 505–538.

[77] Fiol, C. M. (1994). Consensus, diversity, and learning in organizations. *Organization science*, *5*(3), 403–420.

[78] Fiol, C. M., O'Connor, E. J., & Aguinis, H. (2001). All for one and one for all? The development and transfer of power across organizational levels. *Academy of Management Review*, *26*(2), 224–242.

[79] Fisher, D. M. (2014). Distinguishing between taskwork and teamwork planning in teams: Relations with coordination and interpersonal processes. *Journal of applied Psychology*, *99*(3), 423–436.

[80] Fiske, S. T. (1993). Social cognition and social perception. *Annual review of psychology*, *44*(1), 155–194.

[81] Fiske, S. T., Gilbert, D. T., & Lindzey, G. (2010). *Handbook of Social Psychology*. Hoboken: Wiley.

[82] Fleştea, A. M., Curşeu, P. L., & Fodor, O. C. (2017). The bittersweet effect of power disparity: Implications for emergent states in collaborative multi-party systems. *Journal of Managerial Psychology*, *32*(5):401–416.

[83] Flynn, F. J., Gruenfeld, D., Molm, L. D., & Polzer, J. T. (2011). Social psychological perspectives on power in organizations. *Administrative Science Quarterly*, *56*(4), 495–500.

[84] Frank, R. H. (1985). The demand for unobservable and other nonpositional goods. *The American Economic Review*, *75*(1), 101–116.

[85] Galinsky, A. D., Gruenfeld, D. H., & Magee, J. C. (2003). From power to action. *Journal of personality and social psychology*, *85*(3), 453–466.

[86] Garber, M., Bussiere, J. F., & Morgan, G. H. (1976). Design of double helix conductors for superconducting ac power transmission. In *AIP Conference Proceedings*, *34*(1),84–87.

[87] Gardezi, F., Lingard, L., Espin, S., Whyte, S., Orser, B., & Baker, G. R. (2009).

Silence, power and communication in the operating room. *Journal of advanced nursing*, *65*(7), 1390–1399.

[88] Georgesen, J., & Harris, M. J. (2006). Holding onto power: Effects of powerholders' positional instability and expectancies on interactions with subordinates. *European Journal of Social Psychology*, *36*(4), 451–468.

[89] Ghoshal, S. (2005). Bad management theories are destroying good management practices. *Academy of Management learning & education*, *4*(1), 75–91.

[90] Giebels, E., De Dreu, C. K., & Van De Vliert, E. (2000). Interdependence in negotiation: Effects of exit options and social motive on distributive and integrative negotiation. *European Journal of Social Psychology*, *30*(2), 255–272.

[91] Goleman, D. (1998). The emotional intelligence of leaders. *Leader to leader*, *10*, 20–26.

[92] Greer, L. L. (2014). Power in teams: Effects of team power structures on team conflict and team outcomes. In *Handbook of conflict management research*. Edward Elgar Publishing.

[93] Greenberg, J. (1993). Stealing in the name of justice: Informational and interpersonal moderators of theft reactions to underpayment inequity. *Organizational behavior and human decision processes*, *54*(1), 81–103.

[94] Greer, L. L., Caruso, H. M., & Jehn, K. A. (2011). The bigger they are, the harder they fall: Linking team power, team conflict, and performance. *Organizational Behavior and Human Decision Processes*, *116*(1), 116–128.

[95] Greer, L. L., & Chu, C. (2020). Power struggles: when and why the benefits of power for individuals paradoxically harm groups. *Current opinion in psychology*, *33*, 162–166.

[96] Greer, L. L., de Jong, B. A., Schouten, M. E., & Dannals, J. E. (2018). Why and when hierarchy impacts team effectiveness: A meta-analytic integration. *Journal of Applied Psychology*, *103*(6), 591–613.

[97] Greer, L. L., Van Bunderen, L., & Yu, S. (2017). The dysfunctions of power in teams: A review and emergent conflict perspective. *Research in Organizational Behavior*, *37*, 103–124.

[98] Greer, L. L., & van Kleef, G. A. (2010). Equality versus differentiation: The effects of power dispersion on group interaction. *Journal of Applied Psychology*, *95*(6), 1032–1044.

[99] Greer, L. L., Van Kleef, G. A., De Hoogh, A. H. B., & De Dreu, C. K. W. (2017). *Emotionally unpredictable leaders: Effects on intrateam power struggles and performance*. Working paper.

[100] Greve, H. R., & Mitsuhashi, H. (2007). Power and glory: Concentrated power in top management teams. *Organization Studies*, *28*(8), 1197–1221.

[101] Groysberg, B., Polzer, J. T., & Elfenbein, H. A. (2011). Too many cooks spoil the broth: How high-status individuals decrease group effectiveness. *Organization Science*, *22*(3), 722–737.

[102] Gruenfeld, D. H., Inesi, M. E., Magee, J. C., & Galinsky, A. D. (2008). Power and the objectification of social targets. *Journal of personality and social psychology*, *95*(1), 111–127.

[103] Gruenfeld, D. H., & Tiedens, L. Z. (2010). Organizational preferences and their consequences. *Handbook of social psychology, 5*, 1252–1287.

[104] Guinote, A. (2007a). Power and goal pursuit. *Personality and Social Psychology Bulletin*, *33*(8), 1076–1087.

[105] Guinote, A. (2007b). Power affects basic cognition: Increased attentional inhibition and flexibility. *Journal of Experimental Social Psychology*, *43*(5), 685–697.

[106] Haleblian, J., & Finkelstein, S. (1993). Top management team size, CEO dominance, and firm performance: The moderating roles of environmental turbulence and discretion. *Academy of management journal*, *36*(4), 844–863.

[107] Halevy, N., Y. Chou, E., & D. Galinsky, A. (2011). A functional model of hierarchy: Why, how, and when vertical differentiation enhances group performance. *Organizational Psychology Review*, *1*(1), 32–52.

[108] Harrison, D. A., & Klein, K. J. (2007). What's the difference? Diversity constructs as separation, variety, or disparity in organizations. *Academy of management review*, *32*(4), 1199–1228.

[109] Hays, N. A., & Bendersky, C. (2015). Not all inequality is created equal: Effects of status versus power hierarchies on competition for upward mobility. *Journal of personality and social psychology, 108*(6), 867–882.

[110] Hays, N. A., & Blader, S. L. (2017). To give or not to give? Interactive effects of status and legitimacy on generosity. *Journal of Personality and Social Psychology, 112*(1), 17–25.

[111] Hersey, P., Blanchard, K. H., & Natemeyer, W. E. (1979). Situational leadership, perception, and the impact of power. *Group & organization studies, 4*(4), 418–428.

[112] Hill, G. W. (1982). Group versus individual performance: Are N+ 1 heads better than one?. *Psychological bulletin, 91*(3), 517–539.

[113] Hofmann, E., Hartl, B., Gangl, K., Hartner–Tiefenthaler, M., & Kirchler, E. (2017). Authorities' coercive and legitimate power: The impact on cognitions underlying cooperation. *Frontiers in Psychology, 8*, 1–15.

[114] Hogg, M. A. (2001). A social identity theory of leadership. *Personality and social psychology review, 5*(3), 184–200.

[115] Hollenbeck, G. P., & Hall, D. T. (2004). Self–confidence and leader performance. *Organizational dynamics, 33*(3), 254–269.

[116] Hollenbeck, J. R., Moon, H., Ellis, A. P., West, B. J., Ilgen, D. R., Sheppard, L., et al. (2002). Structural contingency theory and individual differences: Examination of external and internal person–team fit. *Journal of applied psychology, 87*(3), 599–606.

[117] Hu, J., Erdogan, B., Jiang, K., Bauer, T. N., & Liu, S. (2018). Leader humility and team creativity: The role of team information sharing, psychological safety, and power distance. *Journal of Applied Psychology, 103*(3), 313–323.

[118] Hu, J., & Liden, R. C. (2015). Making a difference in the teamwork: Linking team prosocial motivation to team processes and effectiveness. *Academy of Management Journal, 58*(4), 1102–1127.

[119] Issac, A. C., Bednall, T. C., Baral, R., Magliocca, P., & Dhir, A. (2023). The effects of expert power and referent power on knowledge sharing and knowledge

hiding. *Journal of Knowledge Management*, *27*(2), 383–403.

[120] Jehn, K. A. (1995). A multimethod examination of the benefits and detriments of intragroup conflict. *Administrative science quarterly*, 256–282.

[121] Jehn, K., Rispens, S., Jonsen, K., & Greer, L. (2013). Conflict contagion: a temporal perspective on the development of conflict within teams. *International Journal of Conflict Management*, *24*(4), 352–373.

[122] Jehn, K. A., Northcraft, G. B., & Neale, M. A. (1999). Why differences make a difference: A field study of diversity, conflict and performance in workgroups. *Administrative science quarterly*, *44*(4), 741–763.

[123] Ji, H., Xie, X. Y., Xiao, Y. P., Gan, X. L., & Feng, W. (2019). Does power hierarchy benefit or hurt team performance? The roles of hierarchical consistency and power struggle. *Acta Psychologica Sinica, 51*(3):366–382.

[124] Jiang, Y., Zhao, X., & Zhai, L. (2023). Digital empowerment to improve the operational profitability in e–commerce supply chain. *Electronic Commerce Research and Applications*, *58*, 101253.

[125] Johnson, D. W., & Johnson, R. T. (2005). *Cooperative learning, values, and culturally plural classrooms*. Routledge: Classroom Issues.

[126] Joo, B. K., Yoon, S. K., & Galbraith, D. (2023). The effects of organizational trust and empowering leadership on group conflict: psychological safety as a mediator. *Organization Management Journal*, *20*(1), 4–16.

[127] Judge, T. A., & Bono, J. E. (2001). Relationship of core self–evaluations traits—self–esteem, generalized self–efficacy, locus of control, and emotional stability—with job satisfaction and job performance: A meta–analysis. *Journal of applied Psychology*, *86*(1), 80–92.

[128] Judge, T. A., Thoresen, C. J., Bono, J. E., & Patton, G. K. (2001). The job satisfaction-job performance relationship: A qualitative and quantitative review. *Psychological bulletin, 127*(3), 376–407.

[129] Jung, E. J., & Lee, S. (2015). The combined effects of relationship conflict and the relational self on creativity. *Organizational Behavior and Human Decision Processes, 130*, 44–57.

[130] Katz, D., & Kahn, R. (2015). *The social psychology of organizations*. Routledge: Organizational behavior.

[131] Kauppila, O. P. (2014). So, what am I supposed to do? A multilevel examination of role clarity. *Journal of Management Studies*, *51*(5), 737–763.

[132] Keltner, D., Gruenfeld, D. H., & Anderson, C. (2003). Power, approach, and inhibition. *Psychological review*, *110*(2), 265–284.

[133] Keltner, D., Van Kleef, G. A., Chen, S., & Kraus, M. W. (2008). A reciprocal influence model of social power: Emerging principles and lines of inquiry. *Advances in experimental social psychology*, *40*, 151–192.

[134] Kim, T. Y., & Leung, K. (2007). Forming and reacting to overall fairness: A cross-cultural comparison. *Organizational Behavior and Human Decision Processes*, *104*(1), 83–95.

[135] Kipnis, D., Castell, J., Gergen, M., & Mauch, D. (1976). Metamorphic effects of power. *Journal of Applied Psychology*, *61*(2), 127–135.

[136] Kirkman, B. L., Chen, G., Farh, J. L., Chen, Z. X., & Lowe, K. B. (2009). Individual power distance orientation and follower reactions to transformational leaders: A cross-level, cross-cultural examination. *Academy of management journal*, *52*(4), 744–764.

[137] Klein, K. J., Ziegert, J. C., Knight, A. P., & Xiao, Y. (2006). Dynamic delegation: Shared, hierarchical, and deindividualized leadership in extreme action teams. *Administrative science quarterly*, *51*(4), 590–621.

[138] Klimoski, R., & Mohammed, S. (1994). Team mental model: Construct or metaphor?. *Journal of management*, *20*(2), 403–437.

[139] Koopmann, J., Lanaj, K., Wang, M., Zhou, L., & Shi, J. (2016). Nonlinear effects of team tenure on team psychological safety climate and climate strength: Implications for average team member performance. *Journal of applied psychology*, *101*(7), 940–957.

[140] Lam, L. W., & Xu, A. J. (2019). Power imbalance and employee silence: The role of abusive leadership, power distance orientation, and perceived organisational politics. *Applied Psychology*, *68*(3), 513–546.

[141] Lammers, J., Dubois, D., Rucker, D. D., & Galinsky, A. D. (2013). Power gets the job: Priming power improves interview outcomes. *Journal of Experimental Social Psychology*, *49*(4), 776–779.

[142] Lammers, J., & Galinsky, A. D. (2009). The conceptualization of power and the nature of interdependency. *Power and interdependence in organizations*, 67–76.

[143] Lammers, J., Galinsky, A. D., Gordijn, E. H., & Otten, S. (2008). Illegitimacy moderates the effects of power on approach. *Psychological Science*, *19*(6), 558–564.

[144] Lammers, J., & Stapel, D. A. (2009). How power influences moral thinking. *Journal of personality and social psychology*, *97*(2), 279–289.

[145] Langley, A., Denis, J. L., & Lamothe, L. (2003). Process research in healthcare: towards three-dimensional learning. *Policy & Politics*, *31*(2), 195–206.

[146] Larrick, R. P., Burson, K. A., & Soll, J. B. (2007). Social comparison and confidence: When thinking you're better than average predicts overconfidence (and when it does not). *Organizational Behavior and Human Decision Processes*, *102*(1), 76–94.

[147] Lau, D. C., & Murnighan, J. K. (1998). Demographic diversity and faultlines: The compositional dynamics of organizational groups. *Academy of management review*, *23*(2), 325–340.

[148] Lawrence, P. R., & Lorsch, J. W. (1967). Differentiation and integration in complex organizations. *Administrative science quarterly*, 1–47.

[149] Lee, E. K., Avgar, A. C., Park, W. W., & Choi, D. (2018). The dual effects of task conflict on team creativity: Focusing on the role of team-focused transformational leadership. *International Journal of Conflict Management*, *30*(1):132–154.

[150] LePine, J. A., Piccolo, R. F., Jackson, C. L., Mathieu, J. E., & Saul, J. R. (2008). A meta-analysis of teamwork processes: Tests of a multidimensional model and relationships with team effectiveness criteria. *Personnel psychology*, *61*(2), 273–307.

[151] Lewis, K. (2003). Measuring transactive memory systems in the field: scale

development and validation. *Journal of applied psychology*, *88*(4), 587–604.

[152] Li, C., Liu, J., Liu, Y., & Wang, X. (2023). Can digitalization empowerment improve the efficiency of corporate capital allocation?—Evidence from China. *Economic Analysis and Policy*, *80*, 1794–1810.

[153] Li, D., Fast–Berglund, Å., Dean, A., & Ruud, L. (2017). Digitalization of whiteboard for work task allocation to support information sharing between operators and supervisor. *IFAC-PapersOnLine*, *50*(1), 13044–13051.

[154] Lines, R. L., Hoggan, B. L., Nahleen, S., Temby, P., Crane, M., & Gucciardi, D. F. (2022). Enhancing shared mental models: A systematic review and meta–analysis of randomized controlled trials. *Sport, Exercise, and Performance Psychology*, *11*(4), 524–549.

[155] Ling, J., & Luo, S. (2024). The negative mechanism of power disparity on team conflict. *Current Psychology*, 1–10.

[156] Lingling, L., & Ye, L. (2023). The impact of digital empowerment on open innovation performance of enterprises from the perspective of SOR. *Frontiers in Psychology*, *14*, 1109149.

[157] Liu, C., Yang, L. Q., & Nauta, M. M. (2013). Examining the mediating effect of supervisor conflict on procedural injustice–job strain relations: The function of power distance. *Journal of Occupational Health Psychology*, *18*(1), 64–74.

[158] Loignon, A. C., & Woehr, D. J. (2018). Social class in the organizational sciences: A conceptual integration and meta–analytic review. *Journal of Management*, *44*(1), 61–88.

[159] Lovelace, K., Shapiro, D. L., & Weingart, L. R. (2001). Maximizing cross–functional new product teams' innovativeness and constraint adherence: A conflict communications perspective. *Academy of management journal*, *44*(4), 779–793.

[160] Luo, S., & Tong, D. Y. K. (2024). Centralization or decentralization? Power allocation in team innovation management. *PloS one*, *19*(10), 0310719.

[161] Ma, L., Yang, B., Wang, X., & Li, Y. (2017). On the dimensionality of intragroup conflict: An exploratory study of conflict and its relationship with group

innovation performance. *International Journal of Conflict Management, 28*, 538–562.

[162] McGrath, J. E., Kelly, J. R., & Machatka, D. E. (1984). The social psychology of time: Entrainment of behavior in social and organizational settings. *Applied social psychology annual, 5,* 21–44.

[163] Magee, J. C., & Galinsky, A. D. (2008). 8 social hierarchy: The self-reinforcing nature of power and status. *Academy of Management annals, 2*(1), 351–398.

[164] Magee, J. C., & Galinsky, A. D. (2008). 10 The Self–Reinforcing Nature of Power and Approach Behavior. *Psychological Science, 19*(6), 631–636.

[165] Magee, J. C., & Smith, P. K. (2013). The social distance theory of power. *Personality and social psychology review, 17*(2), 158–186.

[166] Maner, J. K., DeWall, C. N., Baumeister, R. F., & Schaller, M. (2007). Does social exclusion motivate interpersonal reconnection? Resolving the"porcupine problem.". *Journal of personality and social psychology, 92*(1), 42–55.

[167] Marks, M. A., Sabella, M. J., Burke, C. S., & Zaccaro, S. J. (2002). The impact of cross–training on team effectiveness. *Journal of Applied Psychology, 87*(1), 3–13.

[168] Martins, L. L., & Sohn, W. (2022). How does diversity affect team cognitive processes? Understanding the cognitive pathways underlying the diversity dividend in teams. *Academy of Management Annals, 16*(1), 134–178.

[169] Martorana, P. V., Galinsky, A. D., & Rao, H. (2005). From system justification to system condemnation: Antecedents of attempts to change power hierarchies. *Research on Managing Groups & Teams,* 283–313.

[170] Mast, M. S. (2010). Interpersonal behaviour and social perception in a hierarchy: The interpersonal power and behaviour model. *European Review of Social Psychology, 21*(1), 1–33.

[171] Mathieu, J. E., Heffner, T. S., Goodwin, G. F., Salas, E., & Cannon–Bowers, J. A. (2000). The influence of shared mental models on team process and performance. *Journal of applied psychology, 85*(2), 273–283.

[172] Mathieu, J. E., Gallagher, P. T., Domingo, M. A., & Klock, E. A. (2019). Embracing

complexity: Reviewing the past decade of team effectiveness research. *Annual Review of Organizational Psychology and Organizational Behavior, 6*(1), 17–46.

[173] Mathieu, J. E., & Taylor, S. R. (2007). A framework for testing meso-mediational relationships in Organizational Behavior. *Journal of Organizational Behavior: The International Journal of Industrial, Occupational and Organizational Psychology and Behavior*, *28*(2), 141–172.

[174] McAlister, L., Bazerman, M. H., & Fader, P. (1986). Power and goal setting in channel negotiations. *Journal of Marketing Research*, *23*(3), 228–236.

[175] Mello, A. L., & Rentsch, J. R. (2015). Cognitive diversity in teams: A multidisciplinary review. *Small Group Research*, *46*(6), 623–658.

[176] Mohammed, S., & Dumville, B. C. (2001). Team mental models in a team knowledge framework: Expanding theory and measurement across disciplinary boundaries. *Journal of Organizational Behavior: The International Journal of Industrial, Occupational and Organizational Psychology and Behavior*, *22*(2), 89–106.

[177] Mohammed, S., Ferzandi, L., & Hamilton, K. (2010). Metaphor no more: A 15–year review of the team mental model construct. *Journal of management*, *36*(4), 876–910.

[178] Morgeson, F. P., DeRue, D. S., & Karam, E. P. (2010). Leadership in teams: A functional approach to understanding leadership structures and processes. *Journal of management*, *36*(1), 5–39.

[179] Morrison, E. W., See, K. E., & Pan, C. (2015). An approach-inhibition model of employee silence: The joint effects of personal sense of power and target openness. *Personnel Psychology*, *68*(3), 547–580.

[180] Morse, N. C., & Reimer, E. (1956). The experimental change of a major organizational variable. *The Journal of Abnormal and Social Psychology*, *52*(1), 120–129.

[181] Mulki, J. P., Caemmerer, B., & Heggde, G. S. (2015). Leadership style, salesperson's work effort and job performance: the influence of power

distance. *Journal of Personal Selling & Sales Management*, *35*(1), 3–22.

[182] Mumtaz, S., & Parahoo, S. K. (2020). Promoting employee innovation performance: Examining the role of self-efficacy and growth need strength. *International Journal of Productivity and Performance Management*, *69*(4), 704–722.

[183] Mumford, M. D., & Gustafson, S. B. (1988). Creativity syndrome: Integration, application, and innovation. *Psychological bulletin*, *103*(1), 27–43.

[184] Munduate, L., & Bennebroek Gravenhorst, K. M. (2003). Power dynamics and organisational change: An introduction. *Applied Psychology*, *52*(1), 1–13.

[185] Mustafa, G., Solli-Sæther, H., Bodolica, V., Håvold, J. I., & Ilyas, A. (2022). Digitalization trends and organizational structure: bureaucracy, ambidexterity or post-bureaucracy?. *Eurasian Business Review*, *12*(4), 671–694.

[186] Nandal, V., & Krishnan, V. R. (2000). Charismatic leadership and self-efficacy: Importance of role clarity. *Management and Labour Studies*, *25*(4), 231–243.

[187] Nawata, K., Yamaguchi, H., & Aoshima, M. (2020). Team implicit coordination based on transactive memory systems. *Team Performance Management: An International Journal*, *26*(7/8), 375–390.

[188] Nuñez, N., Schweitzer, K., Chai, C. A., & Myers, B. (2015). Negative emotions felt during trial: The effect of fear, anger, and sadness on juror decision making. *Applied Cognitive Psychology*, *29*(2), 200–209.

[189] O'Toole, J., Ciuchta, M. P., Neville, F., & Lahiri, A. (2023). Transactive memory systems, temporary teams, and conflict: innovativeness during a hackathon. *Journal of Management*, *49*(5), 1633–1661.

[190] Owens, D. A., & Sutton, R. I. (2014). *Status contests in meetings: Negotiating the informal order*. London: Psychology Press.

[191] Parks, L., Srinivasan, R., & Aragon, D. C. (2022). Digital empowerment for whom? An analysis of 'Network sovereignty' in low-income, rural communities in Mexico and Tanzania. *Information, Communication & Society*, *25*(14), 2140–2161.

[192] Peng, Y., Ahmad, S. F., Irshad, M., Al-Razgan, M., Ali, Y. A., & Awwad, E. M. (2023). Impact of digitalization on process optimization and decision-making

towards sustainability: The moderating role of environmental regulation. *Sustaina bility*, *15*(20), 15156.

[193] Pitcher, P., & Smith, A. D. (2001). Top management team heterogeneity: Personality, power, and proxies. *Organization science*, *12*(1), 1–18.

[194] Podsakoff, P. M., Bommer, W. H., Podsakoff, N. P., & MacKenzie, S. B. (2006). Relationships between leader reward and punishment behavior and subordinate attitudes, perceptions, and behaviors: A meta–analytic review of existing and new research. *Organizational Behavior and Human Decision Processes, 99*(2), 113–142.

[195] Polzer, J. T., Milton, L. P., & Swarm Jr, W. B. (2002). Capitalizing on diversity: Interpersonal congruence in small work groups. *Administrative Science Quarterly*, *47*(2), 296–324.

[196] Porath, C. L., Overbeck, J. R., & Pearson, C. M. (2008). Picking up the gauntlet: How individuals respond to status challenges. *Journal of Applied Social Psychology*, *38*(7), 1945–1980.

[197] Polterovich, V. (2018). Towards a general theory of social and economic development: Evolution of coordination mechanisms. *Russian Journal of Economics*, *4*(4), 346–385.

[198] Porath, C. L., Overbeck, J. R., & Pearson, C. M. (2008). Picking up the gauntlet: How individuals respond to status challenges. *Journal of Applied Social Psychology*, *38*(7), 1945–1980.

[199] Porter, L. W., & Lawler, E. E. (1965). Properties of organization structure in relation to job attitudes and job behavior. *Psychological bulletin*, *64*(1), 23–51.

[200] Proell, C. A., Thomas–Hunt, M. C., Sauer, S. J., & Burris, E. R. (2013). Taking the Lead: The Effects of Power Distribution on Information Sharing and Team Performance. *Available at SSRN 2273119*.

[201] Qiaotian, W., Rong, G., & Jianming, X. (2020). The Impact of Transformational Leadership on Cross–Border Team Collaborative Innovation: An Empirical Analysis of Fintech Enterprises in China. *Foreign Economics & Management*, *42*(2), 17–29.

[202] Ren, Y., & Argote, L. (2011). Transactive memory systems 1985–2010: An integrative framework of key dimensions, antecedents, and consequences. *Academy of Management Annals*, *5*(1), 189–229.

[203] Rico, R., Sánchez-Manzanares, M., Gil, F., & Gibson, C. (2008). Team implicit coordination processes: A team knowledge-based approach. *Academy of management review*, *33*(1), 163–184.

[204] Rish, A. J., Huang, Z., Siddiquee, K., Xu, J., Anderson, C. A., Borys, M. C., & Khetan, A. (2023). Identification of cell culture factors influencing afucosylation levels in monoclonal antibodies by partial least-squares regression and variable importance metrics. *Processes*, *11*(1), 223.

[205] Roberson, Q. M., Sturman, M. C., & Simons, T. L. (2007). Does the measure of dispersion matter in multilevel research? A comparison of the relative performance of dispersion indexes. *Organizational Research Methods*, *10*(4), 564–588.

[206] Robert, C., Probst, T. M., Martocchio, J. J., Drasgow, F., & Lawler, J. J. (2000). Empowerment and continuous improvement in the United States, Mexico, Poland, and India: Predicting fit on the basis of the dimensions of power distance and individualism. *Journal of applied psychology*, *85*(5), 643–658.

[207] Roberto, M. A. (2003). The stable core and dynamic periphery in top management teams. *Management Decision*, *41*(2), 120–131.

[208] Ronay, R., Greenaway, K., Anicich, E. M., & Galinsky, A. D. (2012). The path to glory is paved with hierarchy: When hierarchical differentiation increases group effectiveness. *Psychological science*, *23*(6), 669–677.

[209] Rong, P., & Xie, J. (2021). Can transactive memory system improve top management team's creativity? The moderating role of team identity. *Current Psychology*, *40*(8), 4156–4163.

[210] Roy, R. K., & Denzau, A. T. (2020). Shared mental models: Insights and perspectives on ideologies and institutions. *Kyklos*, *73*(3), 323–340.

[211] Sassenberg, K., Ellemers, N., & Scheepers, D. (2012). The attraction of social power: The influence of construing power as opportunity versus

responsibility. *Journal of Experimental Social Psychology*, *48*(2), 550–555.

[212] Sawyer, J. E. (1992). Goal and process clarity: Specification of multiple constructs of role ambiguity and a structural equation model of their antecedents and consequences. *Journal of applied psychology*, *77*(2), 130–142.

[213] Scheepers, D., & Ellemers, N. (2005). When the pressure is up: The assessment of social identity threat in low and high status groups. *Journal of Experimental Social Psychology*, *41*(2), 192–200.

[214] Schmid Mast, M., Jonas, K., & Hall, J. A. (2009). Give a person power and he or she will show interpersonal sensitivity: the phenomenon and its why and when. *Journal of personality and social psychology*, *97*(5), 835–850.

[215] Schmid, P. C. (2020). Power reduces the goal gradient effect. *Journal of Experimental Social Psychology*, *90*, 104003.

[216] Schweiger, D. M., Sandberg, W. R., & Rechner, P. L. (1989). Experiential effects of dialectical inquiry, devil's advocacy and consensus approaches to strategic decision making. *Academy of Management journal*, *32*(4), 745–772.

[217] Scott, S. G., & Bruce, R. A. (1994). Determinants of innovative behavior: A path model of individual innovation in the workplace. *Academy of management journal*, *37*(3), 580–607.

[218] Shang, Y. F., Fu, P. P., & Chong, M. (2012). Relational power in the Chinese context. *Handbook of Chinese organizational behavior*. Edward Elgar Publishing.

[219] Shen, Y., Chou, W. J., & Schaubroeck, J. M. (2019). The roles of relational identification and workgroup cultural values in linking authoritarian leadership to employee performance. *European Journal of Work and Organizational Psychology*, *28*(4), 498–509.

[220] Slabu, L., & Guinote, A. (2010). Getting what you want: Power increases the accessibility of active goals. *Journal of Experimental Social Psychology*, *46*(2), 344–349.

[221] Smith, P. K., Dijksterhuis, A., & Wigboldus, D. H. (2008). Powerful people make good decisions even when they consciously think. *Psychological Science*,

19(12):1258–1259.

[222] Smith, C. G., & Tannenbaum, A. S. (1965). Some implications of leadership and control for effectiveness in a voluntary association. *Human Relations*, *18*(3), 265–272.

[223] Simons, T. L., & Peterson, R. S. (2000). Task conflict and relationship conflict in top management teams: the pivotal role of intragroup trust. *Journal of applied psychology*, *85*(1), 102–111.

[224] Stasser, G., & Titus, W. (1987). Effects of information load and percentage of shared information on the dissemination of unshared information during group discussion. *Journal of personality and social psychology*, *53*(1), 81–93.

[225] Sturm, R. E., & Antonakis, J. (2015). Interpersonal power: A review, critique, and research agenda. *Journal of Management*, *41*(1), 136–163.

[226] Tadewos, T. G., Newaz, A. A. R., & Karimoddini, A. (2022). Specification-guided behavior tree synthesis and execution for coordination of autonomous systems. *Expert Systems with Applications*, *201*, 117022.

[227] Tannenbaum, A. S. (1962). Control in organizations: Individual adjustment and organizational performance. *Administrative science quarterly*, 236–257.

[228] Tannenbaum, P. H., & Williams, F. (1968). Generation of active and passive sentences as a function of subject or object focus. *Journal of Verbal Learning and Verbal Behavior*, *7*(1), 246–250.

[229] Tarakci, M., Greer, L. L., & Groenen, P. J. (2016). When does power disparity help or hurt group performance?. *Journal of Applied Psychology*, *101*(3), 415–429.

[230] Tekleab, A. G., & Quigley, N. R. (2014). Team deep-level diversity, relationship conflict, and team members' affective reactions: A cross-level investigation. *Journal of Business Research*, *67*(3), 394–402.

[231] Tichy, N. M., & Ulrich, D. O. (1984). SMR forum: The leadership challenge--A call for the transformational leader. *Sloan Management Review (pre-1986)*, *26*(1), 59.

[232] Tjosvold, D., Law, K. S., & Sun, H. (2006). Effectiveness of Chinese teams: The

role of conflict types and conflict management approaches. *Management and Organization Review*, *2*(2), 231–252.

[233] Tjosvold, D., & Wisse, B. (2009). *Power and interdependence in organizations*. Cambridge University Press.

[234] Tost, L. P., Gino, F., & Larrick, R. P. (2013). When power makes others speechless: The negative impact of leader power on team performance. *Academy of Management journal*, *56*(5), 1465–1486.

[235] Tyler, T. R. (1989). The psychology of procedural justice: A test of the group-value model. *Journal of personality and social psychology*, *57*(5), 830–838.

[236] Wang, Y., Huang, Q., Davison, R. M., & Yang, F. (2018). Effect of transactive memory systems on team performance mediated by knowledge transfer. *International Journal of Information Management*, *41*, 65–79.

[237] Willer, R. (2009). Groups reward individual sacrifice: The status solution to the collective action problem. *American Sociological Review*, *74*(1), 23–43.

[238] Woolley, A. W., Gerbasi, M. E., Chabris, C. F., Kosslyn, S. M., & Hackman, J. R. (2008). Bringing in the experts: How team composition and collaborative planning jointly shape analytic effectiveness. *Small Group Research*, *39*(3), 352–371.

[239] Van Der Vegt, G. S., & Bunderson, J. S. (2005). Learning and performance in multidisciplinary teams: The importance of collective team identification. *Academy of management Journal*, *48*(3), 532–547.

[240] Van der Vegt, G. S., De Jong, S. B., Bunderson, J. S., & Molleman, E. (2010). Power asymmetry and learning in teams: The moderating role of performance feedback. *Organization Science*, *21*(2), 347–361.

[241] Van der Heijden, E., Potters, J., & Sefton, M. (2009). Hierarchy and opportunism in teams. Journal of Economic Behavior & Organization, *69*(1), 39–50.

[242] Van Kleef, G. A., Oveis, C., Van Der Löwe, I., LuoKogan, A., Goetz, J., & Keltner, D. (2008). Power, distress, and compassion: Turning a blind eye to the suffering of others. *Psychological science*, *19*(12), 1315–1322.

[243] Van Knippenberg, D., De Dreu, C. K., & Homan, A. C. (2004). Work group diversity and group performance: an integrative model and research

agenda. *Journal of applied psychology*, *89*(6), 1008–1022.

[244] Van Bunderen, L., Greer, L. L., & Van Knippenberg, D. (2018). When interteam conflict spirals into intrateam power struggles: The pivotal role of team power structures. *Academy of Management Journal*, *61*(3), 1100–1130.

[245] Van Vugt, M. (2006). Evolutionary origins of leadership and followership. *Personality and Social Psychology Review*, *10*(4), 354–371.

[246] Van Vugt, M., Hogan, R., & Kaiser, R. B. (2008). Leadership, followership, and evolution: some lessons from the past. *American psychologist*, *63*(3), 182–196.

[247] Vasilev, V. L., Gapsalamov, A. R., Akhmetshin, E. M., Bochkareva, T. N., Yumashev, A. V., & Anisimova, T. I. (2020). Digitalization peculiarities of organizations: A case study. *Entrepreneurship and Sustainability Issues*, *7*(4), 3173.

[248] Vosooghidizaji, M., Taghipour, A., & Canel–Depitre, B. (2020). Supply chain coordination under information asymmetry: a review. *International Journal of Production Research*, *58*(6), 1805–1834.

[249] Vuori, V., Helander, N., & Okkonen, J. (2019). Digitalization in knowledge work: the dream of enhanced performance. *Cognition, Technology & Work*, *21*(2), 237–252.

[250] Wang, H., & Guan, B. (2018). The positive effect of authoritarian leadership on employee performance: The moderating role of power distance. *Frontiers in psychology*, *9*, 00357.

[251] Wang, X., Wang, M., & Xu, F. (2022a). The role of synergistic interplay among proactive personality, leader creativity expectations, and role clarity in stimulating employee creativity. *Frontiers in Psychology*, *13*, 699411.

[252] Wang, X., Wang, M., & Xu, F. (2022b). Domain knowledge and role clarity moderate the relationship between proactive personality and employee radical creativity. *Social Behavior and Personality: an international journal*, *50*(7), 1–11.

[253] Wee, E. X., Liao, H., Liu, D., & Liu, J. (2017). Moving from abuse to reconciliation: A power–dependence perspective on when and how a follower can

break the spiral of abuse. *Academy of Management Journal, 60*(6), 2352–2380.

[254] Wojciszke, B., & Struzynska–Kujalowicz, A. (2007). Power influences self–esteem. *Social Cognition, 25*(4), 472–494.

[255] Yan, B., Hollingshead, A. B., Alexander, K. S., Cruz, I., & Shaikh, S. J. (2021). Communication in transactive memory systems: a review and multidimensional network perspective. *Small Group Research, 52*(1), 3–32.

[256] Yan, B., & Jianqiao, L. (2019). Power distance: a literature review and prospect. *Management Review, 31*(3), 178–192.

[257] Young–Hyman, T. (2017). Cooperating without co–laboring: How formal organizational power moderates cross–functional interaction in project teams. *Administrative Science Quarterly, 62*(1), 179–214.

[258] Yu, S., Greer, L. L., Halevy, N., & Van Bunderen, L. (2019). On ladders and pyramids: Hierarchy's shape determines relationships and performance in groups. *Personality and Social Psychology Bulletin, 45*(12), 1717–1733.

[259] Yu Siyu, & Kilduff G J.(2020).Knowing where others stand: Accuracy and performance effects of individuals' perceived status hierarchies[J]. *Journal of personality and social psychology, 119*(1), 159–184.

[260] Zhipeng Yu,Xiaonan Cao,Lu Tang,Taihua Yan, & Zeyu Wang.(2024). Does digitalization improve supply chain efficiency?.*Finance Research Letters,67*,105822.

[261] Yukl G, & Falbe C M.(1991). Importance of different power sources in downward and lateral relations. *Journal of applied psychology, 76*(3), 416–423.

[262] Yukl G, & Michel J W.(2006). Proactive influence tactics and leader member exchange. *Power and influence in organizations*, 87–103.

[263] Zaccaro S J, Rittman A L, & MARKS M A.(2001). Team leadership. *The leadership quarterly, 12*(4), 451–483.

[264] Zhao C, Tang C Y, & Zhao Y S.(2019). Task conflict and talent aggregation effect in scientific teams: The moderating effects of participative leadership. *Scientific Management Research, 37*(5), 56–60.

[265] Xinyu Zhao, Yufan Shang, Jun Lin, Jia Tan, Haiyun Li & Ting Liu.(2016).

Leader's relational power: Concept, measurement and validation.*European Management Journal, 34*(5), 517–529.

[266] Zhou Z, & Pazos P.(2020). Empirical perspectives of transactive memory systems: A meta-analysis. *Team Performance Management: An International Journal, 26*(7/8), 409–427.

[267] Zitek E M, & Tiedens L Z.(2012). The fluency of social hierarchy: the ease with which hierarchical relationships are seen, remembered, learned, and liked[J]. *Journal of personality and social psychology,102*(1),98–115.

[268] 白新文，黄明权 . 与上司冲突总是有害吗？上下级任务冲突和关系冲突对共享心智模型及团队绩效的差异化影响 [J]. 中国人力资源开发，2019，36(12)：6–21.

[269] 包艳，廖建桥 . 权力距离研究述评与展望 [J]. 管理评论，2019(3)：178–192.

[270] 戴佩华 . 团队冲突和求知动机对决策质量影响的实证分析 [J]. 科技管理研究 ,2014，34(24)：233–238.

[271] 顾乐琼，牛丽娟 . 数字化赋能城乡融合发展：内在机理与实证检验 [J]. 统计与决策，2024(21)：105–110.

[272] 胡冬青，顾琴轩 . 团队权力距离和集体主义对团队创造力影响：基于共享领导视角 [J]. 管理评论，2022(5)：167–175.

[273] 何小钢，钟湘菲 . 数字化赋能企业“绿色升级”的机制和路径研究——基于中国工业企业的经验证据 [J]. 管理学刊，2023(4)：127–145.

[274] 李文 , 刘思慧，梅蕾 . 数字赋能和商业模式创新如何协同推进数字化转型 [J]. 科技管理研究 ，2022(23)：120–126.

[275] 罗仕文 .(2021). 信息共享对团队决策绩效的影响机制研究 . 浙江工商大学（博士论文）

[276] 季浩 , 谢小云 , 肖永平 , 等 . 权力层级与团队绩效关系 : 权力与地位的一致与背离 [J]. 心理学报，2019(3)：366–382.

[277] 廖建桥 , 赵君 , 张永军 . 权力距离对中国领导行为的影响研究 [J]. 管理学报，2010(7)：988–992.

[278] 秦伟平 , 陈欣 , 李晋 . 组织无边界化中团队知识整合与团队权力配置的协

同演化研究 [J]. 管理学报，2017，14(11)：1616–1623.

[279] 屠兴勇，张琪，王泽英，等．信任氛围、内部人身份认知与员工角色内绩效：中介的调节效应 [J]. 心理学报，2017，49(1)：83–93.

[280] 田小平．研发团队共享领导与团队绩效的关系研究——一个有调节的中介模型．技术经济与管理研究，2020(12)：71–75.

[281] 韦庆旺，俞国良．权力的社会认知研究述评 [J]. 心理科学进展，2009(6)：1336–1343.

[282] 云祥，李小平．权力会导致欺骗吗？[J]. 心理研究，2012，5(6)：40–43.

[283] 卫旭华，张怡斐．权力对组织成员竞争行为的影响：被调节的中介模型 [J]. 系统管理学报，2023，32(1)：141.

[284] 文巧甜，郭蓉，夏健明．跨界团队中变革型领导与协同创新——知识共享的中介作用和权力距离的调节作用 [J]. 外国经济与管理，2020(2)：17–29.

[285] 温忠麟，叶宝娟．有调节的中介模型检验方法：竞争还是替补？[J]. 心理学报 2014(5)：714–726.

[286] 谢江佩．团队权力分布结构对团队绩效的影响机制研究 [D]. 浙江工商大学，2018.

[287] 谢江佩，蒋旻天，王永跃．团队权力分布的概念、效用机制与未来方向 [J]. 商业经济与管理，2020，40(6)：47–55.

[288] 袁凌，蒋镇武．差异化辱虐管理对团队绩效的影响研究——一个被调节的中介模型 [J]. 软科学，2022，36(2)：36–42.

[289] 王燕夷，彭灿．非正式网络对研发团队绩效的影响——以交互记忆系统为中介变量的实证研究 [J]. 科学学研究，2012(4)：581–590.

[290] 王黎萤，陈劲．研发团队创造力的影响机制研究——以团队共享心智模型为中介 [J]. 科学学研究，2010，28(3)：420–428.

[291] 谢江佩，蒋旻天，王永跃．团队权力分布的概念、效用机制与未来方向 [J]. 商业经济与管理，2020(6)：47–55.

[292] 许科，韩雨卿，于晓宇，等．快速信任与临时团队绩效：共享心智模型与团队互依性的角色 [J]. 管理评论，2016(9)：238–249.

[293] 熊斌，葛玉辉，陈思婷．高管团队共享心智模型构建导向的互动动力特征 [J]. 商业研究，2015(4)：154–163.

[294] 肖余春，罗仕文，吴伟炯，等．团队认知协同视角下新产品研发活动研究——基于交互记忆系统和共享心智模型的协同作用 [J]. 科技管理研究，2019(6)：114–120.

[295] 殷向洲，方慧，张逸石，等．高管团队结构对团队绩效的影响研究：基于共享心智视角 [J]. 武汉理工大学学报（信息与管理工程版），2020(5)：453–458，466.

[296] 严亚兰，廖梦晗，查先进：国外交互记忆系统研究进展 [J]. 情报理论与实践 2019(11)：171–176.

[297] 周倩，刘伟国，魏薇，等．集体主义倾向一定带来卓越表现吗——论领导成员交换和角色清晰度的调节作用 [J]. 武汉理工大学学报：社会科学版，2016，29(3)：410–418.

[298] 周金毅，陈昊，李雅文．双渠道负向反馈寻求与员工工作绩效的关系——考虑角色清晰度的调节作用 [J]. 技术经济，2017，36(2)：47–56.

[299] 周鑫雪，郭林林，王天梅．交互记忆系统视角下顾客参与共同设计对定制企业价值共创效果的影响 [J]. 管理学报，2024(3)：350–358.

[300] 周明建，潘海波，任际范．团队冲突和团队创造力的关系研究：团队效能的中介效应．管理评论，2014(12)：120–130.

[301] 朱学红，邹佳纹，伍如昕．共享心智模型对 MTS 绩效影响的实证研究 [J]. 科技管理研究 2016(11)：227–232.

[302] 朱玥，谢江佩，金杨华，等．团队权力分布差异对团队冲突的影响：程序公平和合法性的作用 [J]. 心理学报，2019，51(7)：829–840.

[303] 张学艳，周小虎，张慧．科技型创业者政治技能、交互记忆系统与创新绩效 [J]. 科学学研究 2020(7)：1268–1276.

[304] 张志学，Paul S.Hempel, 韩玉兰，等．高技术工作团队的交互记忆系统及其效果 [J]. 心理学报，2006,38(2)：271–280.

[305] 张慧，张剑渝，王立磊．阳奉阴违？非对称权力渠道中的弱势方行为研究 [J]. 外国经济与管理，2020，42(11)：94–108.

[306] 邹今友．民营企业创业团队冲突：原因及对绩效影响分析 [D]. 中南大学，2014.